任正非传

中华有为

邱晓雅◎著   陈 润◎主编

团结出版社

图书在版编目（CIP）数据

任正非传 / 邱晓雅著 . -- 北京 : 团结出版社 ,2019.9
ISBN 978-7-5126-7377-9

Ⅰ . ①任… Ⅱ . ①邱… Ⅲ . ①任正非—传记 Ⅳ . ① K825.38

中国版本图书馆 CIP 数据核字 (2019) 第 206815 号

任正非传

邱晓雅 著

出　　版	：	团结出版社
		（北京市东城区东皇城根南街84号　邮编：100006）
责任编辑	：	郑　纪
电　　话	：	（010）65228880
发　　行	：	（010）51393396
网　　址	：	http://www.tjpress.com
E - mail	：	65244790@163.com
经　　销	：	全国新华书店
印　　刷	：	三河市华东印刷有限公司

开　　本	：	145×210　1/32
印　　张	：	9.5
字　　数	：	200千字
版　　次	：	2020年1月第1版
印　　次	：	2020年3月第2次印刷

书　　号	：	978-7-5126-7377-9
定　　价	：	49.00元

为中国标杆企业立传

古希腊哲学家柏拉图提出过人生三问："我是谁？我从哪里来？我要到哪里去？"

"现代管理学之父"彼得·德鲁克有企业三问：我们企业是个什么企业？我们企业将是个什么企业？我们企业应该是个什么企业？

其实，无论个人还是企业，不同的个体、组织有不同的基因、命运和结局。对于个人来说，要有思想和灵魂，才能活得明白，取得成功。对于企业而言，要有愿景、使命、价值观，才能做大做强，基业长青。世间万物，皆有"灵魂"，我们要不断地找魂、炼魂。

每个企业出生时都有"灵魂"，但发展壮大以后就容易被忽视，往往当危机袭来才意识到"灵魂"不复存在，老板无力回天，毕竟灵魂人物也会在名利浮华中失去"灵魂"。企业的灵魂人物是创始人，他给企业创造的最大财富是企业家精神；管理的核心是管理愿景、使命、价值观，我们通常将其称为企业文化。有远见的企业家重视找魂、炼魂，其中效率最高、成本最低的方式是写作企业家传记和企业史，前者提炼企业家精神，后者重塑企业文化，以此重塑企业，找到企业复兴之路。

当今世界正处在百年未有之大变局之中，企业家面临空前机遇，也面临新的挑战：企业转型升级、品牌价值重塑、精神文化复兴。成功的企业家不仅要满足客户、成就员工、回报股东，更应该实现自我，以管理智慧、商业思想、人生哲学塑造人格品牌和企业文化，形成超越行业、引领未来的时代影响力。

"立德、立功、立言"，这是儒家追求，也是人生大道。在过去8年间，我所创办的润商文化秉承"以史明道，以道润商"的使命，汇聚一大批专家学者、财经作家、媒体精英，专注于企业定制出版和传播，为中国标杆企业立传。我们为招商局金融、华润、戴尔中国、用友、卓尔等数十家著名企业提供知识服务，策划出版过美的、碧桂园、小米、奇虎360等企业史类具有影响力的作品，将部分优秀作品版权输出到海外，而且出版了近百部研究顶级企业家智慧和企业发展模式的财经图书，堪称最了解中国本土企业管理水平和商业模式的知识服务机构之一。在我看来，人类总是在不断重复相同的错误，企业发展史亦是不断犯错的过程，而真正能够超越历史的企业才称得上"以史为鉴"。

正是出于对中国商业文明的专业研究精神和时代使命感、责任感，当我提出策划出版"中国著名企业家传记"丛书的倡议之后，得到了团结出版社的大力支持。2019年，我们启动"中国著名企业家传记"丛书的学术研究和出版工程，聚集业内知名财经作家组建研究团队，花费大半年时间进行专题研究和创作，作品陆续出版问世。为了高标准、高品质打造精品工程，我们首批仅选取李嘉诚、任正非、马云、雷军、董明珠、彭蕾等著名企业家作为样本，特别是董明珠和彭蕾两位女性企业家，让我们真切感知到这句话："商业因女性而美好。"

一直以来，我们致力于实现文化工作者的梦想——为有思想的企业提升价值，为有价值的企业传播思想。作为中国商业观察者、记录者、传播者，我们将聚焦于更多中国标杆企业、行业龙头企业、区域领导品牌、高成长型创新公司等有价值的企业，将"中国著名企业家传记"丛书不断完善。为企业家立言，为企业立命，为中国商业立标杆，重塑企业品牌价值，推动中国商业进步。

通过"中国著名企业家传记"丛书的调查研究和出版工程，我们意在为更多中国企业汲取前行的智慧和力量，为读者在喧嚣浮华的时代打开一扇希望之窗：

在这个美好时代，每个人都可以通过奋斗和努力，成为想成为的那个自己。

"中国著名企业家传记"丛书主编 陈润

2019 年 9 月 1 日

前　言

自 2018 年 12 月 1 日，华为副董事长、CFO、任正非女儿孟晚舟在加拿大转机时被捕以来，美国商务部工业与安全局（BIS）将华为列入"实体清单"，以及备胎计划、鸿蒙系统、华为 5G……美国的施压让与华为有关的热点，如翻滚的海浪一般，一波接一波地涌来。任正非与华为获得了全世界前所未有的关注。

为什么任正非与华为能够吸引全世界的目光？作为世界 500 强企业、全球最大通信设备制造商、三大智能手机厂商之一，从某种意义上讲，华为已成为中国形象的一张崭新名片。它让世界目睹了中国的奋进与腾飞，也让世界见证了改革开放以来民营企业的崛起与壮大，更让世界看到了中国梦的缩影。

而经历了百炼成钢、化茧成蝶的炼狱过程，任正非也不再是一个普通企业家，他已经成为企业界的"教父"，创业者学习和膜拜的榜样，中国特定时代的一个标志。华为更是代表了中国在科技领域取得的划时代的创举。

自孟晚舟被抓之后，不同于以往的低调，作为这场地缘政治冲突中的关键人物，任正非开始频繁出现在媒体镜头面前。在华为 2019 年上半年业绩发布会上，华为董事长梁华提到：从 2019 年年初到 7 月 30 日，共有 2600 多名来自世界各地的媒体记者到访华为，采访管理层及员工，参观实验室、生产线，体验员工食堂、咖啡厅。

任正非之所以挺身而出，不仅是为了救自己的女儿，也是为了救华为。在美国以"国家安全"为由向华为施压以来，诸如"华为设备存在后门"等不实消息，让华为的负面压力犹如泰山压顶。

虽然压力重重，但任正非在面对媒体镜头时却无比自信，他说，华为绝对不会安装后门，绝对不会从事间谍活动，也绝对不允许员工有这种行为。"拒绝华为就是美国落后的开始"，"华为不存在完全死亡的危险，越先进的产品越不存在死亡的可能"，"5G，很多最先进的芯片只有我们拥有；全世界光芯片，只有我们最先进"。

这种自信来源于骨子里，更来源于任正非对华为技术实力的胜券在握。回顾华为的发展历程，堪称励志典范。华为起家于技术与管制变幻莫测的通信设备制造业。当时，核心技术都被国外巨头垄断，华为一出生就面临残酷的洗礼。然而，经过 30 多年的苦苦追赶，华为超越了朗讯、北电、阿尔卡特、诺基亚、西门子等一众欧美顶尖的竞争对手，成长为被特朗普称为"对手"的世界巨头。2019 年上半年，在各国都极为关注的 5G 技术上，华为拿到了 50 个 5G 商用合同，处于世界第一。

凡是成功的企业，都有它的管理思想和成长逻辑；凡是成功的企业家，都有一定的创业理念。华为能够实现从"追赶"到"超越"，任正非一定有着一套与众不同的成功逻辑。那么，为什么是任正非？

为什么是华为？任正非的成功哲学究竟是什么？这是本书所要探讨的问题。

任正非出生的 1944 年，是一个穷困潦倒的年代。他是伴随着"饥饿"二字成长的人。在饥肠辘辘的背景下，他少时并没有什么远大的实业报国之类的志向。高中时期，他最大的梦想也只是吃到白面馒头。

时势造英雄。正是因为年少时代的贫苦，他才尤其懂得在艰难困苦的情况下如何才能"活下去"，也更懂得活下去的重要性。因此在创业过程中，为了让企业活下去，他愿意吃死鱼死虾，愿意借高利贷……一切艰难困苦他都愿意承受，只为了让企业活得更久、更长。他有很强的危机感，常常提到"活下去，是企业的硬道理"。"惶者成就王者"是他的名言。"10 年来我天天思考的都是失败，对成功视而不见，也没有什么荣誉感、自豪感，只有危机感"，这是他对自己的创业心路的真实总结。

"文革"时期，任正非的父亲任摩逊锒铛入狱。在精神与肉体的双重折磨下，任摩逊仍叮嘱儿子"知识就是力量"。任正非一直谨记父亲的叮咛，他发奋读书，崇尚科学。在与知识进行灵魂沟通的过程中，他培养了自己深远的战略眼光，即便是当美国将华为列入实体清单后，任正非仍高瞻远瞩，表达了对基础教育、基础科学的忧心。他说，中美贸易摩擦的本质是科技的竞争。2019 年，华为计划在研发上投入达 1200 亿人民币。

在华为，任正非也一直主张"学习"，无论是管理，还是技术研发，都要"站在巨人的肩膀上"。华为曾花大价钱引进国外先进的管理经验，尤其是 IBM，大概耗资 40 亿元，只为了学习世界上最先进的管理理念。但华为不是盲目地一味接收，而是"先僵化、后优化、再固化"，也就是先全盘学习，再根据企业环境、人文环境创新，最后变成确定的流程和程序。

任正非于1974年应征入伍，成为基建工程兵。军人以征战沙场为己任。当兵的过程，塑造了任正非身上那种百折不挠、不怕挫折的品格。因此在创业的过程中，他屡战屡败，屡败屡战，带领华为从农村打进城市，从国内打到国外，毫不畏惧。他能征善战，带领团队开疆拓土，不断做大做强。

正是因为这段军旅生涯，任正非的管理理念在中国企业史上是罕见地有特质。在军队期间，任正非不忘学习毛泽东思想，为华为的管理贡献了思想源头。"让听见炮火的人呼唤炮火"，"烧不死的鸟是凤凰"……在语言习惯上，任正非经常使用包括战斗性语言在内的军事术语。"产品开发反幼稚"运动、市场部大辞职……任正非吸纳了毛泽东发明的运动式的社会变革方式，不留情面地推动组织的新陈代谢。

1983年任正非退役后，在市场经济的浪潮中跌跌撞撞，最终"走投无路"创立华为。得益于时代的影响、父母的耳濡目染，以及自己的学习研究，在华为的管理上，任正非的思想逐渐成熟。

任正非被认为是中国为数不多的商业思想家之一，他也曾自称是通过思想管理华为。而在他的管理思想中，最关键的几点是：开放、妥协、灰度；自我批判；以客户为中心；以奋斗者为本；持续的艰苦奋斗。

"开放、妥协、灰度"是华为文化的精髓，也是一个领导者的风范。所谓开放，就是不自我封闭。在任正非看来，一个清晰的方向是在混沌中产生的，是从灰色中脱颖而出的。方向会随着时间与空间的变化而变化，会由清晰变得不清晰，并不是非白即黑，非此即彼。而合理地掌握合适的灰度，可以使各种影响发展的要素在一段时间内达到和谐，这种和谐的过程叫妥协，这种和谐的结果叫灰度。在华为的发展过程中，无不体现着任正非"开放、妥协、灰度"的思想。他曾说，华为不想独霸世界，独霸世界的成吉思汗与希特勒都是灭亡的结果，华为要做的是与强者合作。

"自我批判"是华为的核心价值观之一。任正非曾说："永远不要忘记自我批判，摩尔定律的核心就是自我批判，我们就是要通过自我批判、自我迭代，在思想文化上升华，步步走高，去践行人生的摩尔定律。"正是因为自我批判，华为才能在发展的不同时期，始终保持着激情，始终在批判中变革，在变革中成长。

"以客户为中心"是指华为产品的发展目标是以客户需求为导向，华为的营销理念也是以客户需求为导向。任正非曾说："华为没有哲学，我本人也不学哲学，我认为华为所有的哲学就是以客户为中心，就是为客户创造价值。"因为一直坚持以客户为中心，华为得以凭过硬的产品在世界刮起"华为风"，让"中国制造"成为有口皆碑的世界潮流；因为一直坚持以客户为中心，华为才能从一家只有 2 万元创业资本的民营企业，发展到声名响彻的通信巨头。

"以奋斗者为本"是被华为奉为圭臬的企业文化，它包括两层含义：一是指华为反对懒惰者，任何组织和个人要想改变自己的命运，都只有一个选择，就是艰苦奋斗；二是指华为的激励向奋斗者倾斜，让奋斗者享受到自己奋斗的成果，而不是让"雷锋"吃亏。

在一系列管理思想的指导下，华为才取得了今日的成功。但正如英国管理史家斯图尔特所说："管理上没有最终的答案，只有永恒的追问。"面对瞬息变化的时代，一切都在重塑和新生，一代又一代的华为人既要秉承30多年积淀而来的华为智慧，也要不断地追问，不断地颠覆创新，通过持续变革让华为在成功之路上愈走愈远。

目　录

第一章　生于1944：贫苦是生活的底色

我的父亲母亲 / 003　　　知识就是力量 / 008

入伍参军：用技术填补国家空白 / 013

军队转业：中年跌入人生低谷 / 018

第二章　开局：以奋斗者为本

从代理交换机做起 / 025　　　研发：中国企业中国技术 / 030

全员持股："画蛋孵鸡"战略 / 034

向大型局用交换机市场进军 / 038　　　C&C08，抢占科技制高点 / 042

第三章　管理规范化的开端

高速运转之下的管理危机 / 049　　　没有《基本法》，华为会崩溃 / 053

削足适履，穿上"美国鞋" / 057

没有新陈代谢，组织生命就会终止 / 062　　　建立"狼性"组织机制 / 066

第四章　开放是我们的唯一出路

国际化肇始：香港之行 / 073　　破冰莫斯科：不顾一切地捕捉机会 / 077

非洲突围：硬着头皮往前冲 / 082

坚守中东："业务像鸦片一样驱动着我们" / 087

征战欧洲：啃下最难啃的"骨头" / 092

第五章　为客户服务是华为存在的唯一理由

面向客户是基础，面向未来是方向 / 099

眼睛盯着客户，屁股对着老板 / 103　　坚持"普遍客户关系"法则 / 107

品牌建立在"以客户为中心"基础上 / 110

第六章　华为的冬天

战思科：敢打才能和 / 117　　华为与港湾：敌对的"父与子" / 121

卖掉华为？ / 125　　历史遗留的股权危机 / 129

重度抑郁症患者任正非 / 133

第七章　人才机制的自我变革

华为大学：将军的摇篮 / 139　　让听见炮火的人呼唤炮火 / 144

从单一领导权到轮值体系 / 148　　家人永远不在接班人行列 / 153

奋斗者不能为懒惰者买单 / 158

第八章　自我约束，自我批判

自我批判的组织保障 / 165　　绝不允许堡垒从内部打破 / 169

腐败就是组织的毒药 / 173　　所有干部都应该不要"脸" / 177

任正非炮轰任正非 / 181

第九章　管道策略

企业网：拳头握紧才有力量 / 187　　运营商终端困局 / 191

消费者终端问世 / 196　　在利润和服务水平上赶超苹果 / 200

华为云：做容千万家的英雄 / 205

第十章　不创新才是最大的风险

"鲜花插在牛粪上" / 213　　构造华为的"诺亚方舟" / 217

得"芯"者得天下 / 222　　5G 攻上"上甘岭" / 226

在智能社会里突围 / 230

第十一章　被"围猎"的华为

向华为"开枪" / 235　　"孟晚舟没有错" / 239

"实体清单" / 243

不能用民粹主义定义华为 / 247   华为不会死 / 251

第十二章　站在现在看未来

"不上市，就可能称霸世界" / 256   伟大的背后都是苦难 / 261

下一个 30 年 / 265

附录

大事记 / 269   名言录 / 278

参考文献 / 284

第一章

生于 1944：贫苦是生活的底色

　　出生于战乱时期的任正非，注定就像是汪洋大海里的一个小舢板，在时代风浪的打击下摇摇晃晃、浮浮沉沉。当很多人认为他会被物质上的贫苦与精神上的压迫打翻时，却发现他一次又一次地浮出水面。而那些所谓的艰苦生活及心灵磨难都成了他后来人生中最为宝贵的财富。

我的父亲母亲

在中国历史上，1944 年是一个民不聊生、动荡不安的年份。矛盾交织、烽火连天、饥寒交迫……所有在风雨飘摇中生活的人们，都渴望着中国能够早日取得抗战的胜利，在和平的巨轮上抵达长治久安的彼岸。

这一年，在浙江省浦江县黄宅镇的一个叫做"任店村"的小村庄里，一位被追捕的共产党爱国青年上演了一场惊险大逃亡。为了不被国民党特务认出，他不得不装起病来，托乡邻用当地叫做"皮龙"的轿子，把自己抬到了距离村子十几公里外的郑家坞火车站。就这样，他坐着火车离开浙江，逃到了贵州一个偏僻落后的贫困山区——镇宁县。

这位逃亡者名叫任摩逊，其父任三和是浙江金华一带赫赫有名的火腿生产商。得益火腿生意，任摩逊在优渥的家境中长大，住着气派不凡的四合院，不愁吃也不愁穿。任家向来以经商为生，任摩逊的兄弟姐妹都没读过书，唯有任摩逊，强烈要求读书学习，并日渐表现出聪颖勤奋的一面，任三和这才准许了他。

在勤奋苦学之下，任摩逊考上了北平民大经济系，成为任店村唯一的大学生，任三和也因此骄傲无比。大学期间，任摩逊在爱国思想的熏陶下，成为一个热血青年，不仅参加学生运动，进行抗日演讲，反对侵华的《田中奏折》，还参加了共青团。然而人生无常、世事难料，父母离世后，任摩逊失去了经济来源，大学上了三年就戛然而止。当时，正值国共合作时期，全国掀起了抗日高潮。任摩逊在同乡会的介绍下，到广州一个同乡当厂长的国民党军工厂做会计员。但又因支持共产党遭到了国民党特务的追捕，不得不走上了逃亡之路。

逃到贵州镇宁县后，任摩逊认识了贵州女孩程远昭。程远昭虽只是高中毕业，但性情好，能吃苦，模样好看，两人很快坠入了爱河，并步入了婚姻的殿堂。1944年10月25日，程远昭产下一名男婴。

任摩逊欣喜不已，给儿子起名为"任正非"。当时，谁也不会想到日后这位呱呱坠地的小孩竟会成为一名商业巨子，不会想到他日后所遭受的磨难和险境，更不会想到他在成功之路上付出的艰辛努力，以及他所具有的超人一等的商业头脑和智慧。

任正非出生于一个物质极度匮乏的动乱时期，家中捉襟见肘。好在不久后的1945年8月15日，日本宣布无条件投降，一场为期14年的战争终结。此时不到一岁大的任正非对于国家发生的大事浑然不知，但经历过战争年代的任摩逊和程远昭却通透地明白"和平"意味着什么，所以尽管贫苦，但他们还是相信"一切都会好的"。

抗战胜利后，任摩逊开始走上教书之路，先后在黔江、镇远、关岭、豫章等地的中学教书。程远昭也通过自学，成为学校里一名普通教师，一边教书，一边照料家里的饮食起居。

1949年10月1日，毛泽东主席向全世界宣布中华人民共和国成立，属于中国人民的新时代由此开始。新中国成立后，任摩逊参加了土改工作队，穿着土改工作队的棉衣，随解放军剿匪部队一同进入贵州山区，筹建了镇宁民族中学并担任校长。

但他那时的薪资依然非常微薄。两人结婚后一共生了七个孩子，这意味着两个人的工资要用来支撑一家九口人的生活，在物质匮乏的年代，可想而知有多艰难。别的贫困家庭顾及温饱就不让孩子上学了。但任摩逊与程远昭不同，他们在异常困难的情况下，坚持让任正非和兄弟姐妹们读书。

当时，一个孩子一学期需要交2到3元的学费，对于儿女众多的任家来说，开支非常大。每逢交学费时，程远昭都发愁不已。每到月底，任正非就看到妈妈四处向人借钱度饥荒，而且还未必能借得到。

日子尽管苦，但一家人还是和气融融地过着。

然而到了1959年，国家进入三年困难时期，全国性饥荒爆发，任家比以往所有时候都要艰难。为了保证全家人都能活下来，任家每餐都实行严格的分饭制。当时，任正非刚上高中，正是身体成长以及人生转折的关键时期。但在饥饿的折磨下，他无法集中精力认真读书，以至于初中成绩很好的他沦落到了"高二还要补考"的境地。

看到孩子们挨饿，程远昭心里焦灼难安。于是，能吃的、不知道能不能吃的，她都开始尝试。山上的红刺果、厥菜根、青杠子都成了她给孩子们代食的选择。后来，她又跑到山上开垦荒地，种起了南瓜，也尝试让孩子吃起了美人蕉根。刚开始时，程远昭担心吃美人蕉根会中毒，只准每人吃一点。后来吃着吃着，孩子们都没事，她的胆子跟着就大了。每天晚上，任家兄弟姐妹们就围在火炉旁边，脸颊被烤得通红，两眼直直地看着程远昭正在煮的一大锅美人蕉根或南瓜，等待着用它们来充饥。

对于正在长身体的任正非来说，这些是远远不够的。因为饿，有时任正非实在是很难复习下去。当时，家里穷得连一个可上锁的柜子都没有，粮食就装在瓦罐里，但他也没有去抓着吃。因为他知道，如果他吃了，可能就有一两个弟弟妹妹活不下去。等到饿得实在受不了时，他就用米糠和菜和一下，烙着吃，好几次被任摩逊撞见。

任摩逊很是心疼儿子。临近高考的三个月里，程远昭经常早上悄悄塞给任正非一个小小的玉米饼。多年以后，任正非回忆这段时光时很是感慨，他写道：

> 我能考上大学，小玉米饼功劳巨大。如果不是这样，也许我也进不了华为这样的公司，社会上多了一名养猪能手，或街边多了一名能工巧匠而已。这个小小的玉米饼，是从父、母与弟妹的口中抠出来的，我无以报答他们。

人们常说，父母是孩子最好的老师。任正非从父母身上学到的第一课叫做"无私"。他说：

> 他们完全可以偷偷地多吃一口，他们谁也没有这么做。爸爸有时还有机会参加会议，适当改善一下。而妈妈那么卑微，不仅要同别的人一样工作，而且还要负担七个孩子的培养、生活。煮饭、洗衣、修煤灶……什么都干，消耗这么大，自己却从不多吃一口。

父母的无私在无形之中影响了任正非，也间接影响了后来的华为，多年以后，他回忆道：

> 我的不自私也是从父母身上看到的，华为今天这么成功，与我不自私有一点关系。

高中毕业之前，任正非没有穿过衬衣，大热天还穿着厚厚的外衣。他也不敢跟母亲要，因为他知道家里买不起。高中三年，任正非没有什么远大的理想，他最大的愿望就是能吃上一个白面馒头。但恰恰是这段痛苦不堪的日子，成为任正非一生中最幸福的回忆，支撑着他度过了创业时期最艰难的日子。因为他知道，天下没有过不去的沟坎，只要努力去做，一切都会好起来的。

知识就是力量

寒门学子多磨砺，有朝一日鸿鹄飞。

1963 年对于任正非来说是一个收获之年。在数不清的挨饿学习的日子之后，他终于不负众望，以优异的成绩考入了重庆建筑工程学院（现合并为重庆大学）。

得知这个消息，任摩逊与程远昭都为儿子的争气喜笑颜开。但笑过之后，两人又开始愁眉苦脸。别的不说，上大学好歹需要一床被子和一条被单。但在当时，国家实行布票、棉花票管制，最少的一年，每人只发 0.5 米布票，所以任正非的家里都是两三人合用一床被子，他要是拿走了，家中就不够用了。程远昭急中生智，想到每逢毕业就有毕业生扔被子、扔床单，何不捡回来再次利用呢？于是，她捡来了毕业学生丢弃的几床破被单，清洗后缝缝补补，给任正非凑出了一套装备。

并且为了让任正非在大学能够穿得相对体面，不再穿着带补丁的衣服，程远昭一针一线地亲手为任正非缝制了两件衬衣。这是任正非心心念念一直想得到的东西，但在接过衬衣时，他并没有很开心，反而鼻子发酸，很想哭。他知道自己有了衬衣，弟弟妹妹们的生活就会更加艰难。但他也知道母亲是希望他能够好好学习。就这样，19 岁的任正非怀揣着憧憬踏上了求学之路。

实际上，从任正非上初三开始，父亲调到了都匀任教，一家人跟父亲一起迁居到了都匀。那是一个少数民族聚居区的中心小城，虽然只比小镇大一点点，但在当年的任正非眼里，已经是一个现代化的城市。因为那里有两层楼高的房子，还有可以逛很久的百货公司。

但当任正非一路颠簸到了重庆上大学时，他才发现自己过去有多没见过世面。

这里的一切是那么的与众不同，有鳞次栉比的高楼，有琳琅满目的商品。在这里，任正非打开了一个新世界。他见识到了更广阔的知识，接触到了形形色色的人，也感受到了丰富多彩的大学生活。

与众多寒门学子一样，任正非学习非常刻苦，整日泡在书里。在日复一日的学习、清苦与平淡的生活之中，时间在"滴答滴答"地流逝。谁也没想到，一场突如其来的危机降临到这个在贫困中不懈奋斗的家庭。

1966年，"文革"席卷中国，整个社会陷入了人性压抑、价值观混乱的漩涡之中。在这种背景下，中国大地上的每一户家庭都如临深渊、如履薄冰，祈祷着不要成为悲剧的主人公。

这场悲剧首先从教育界开始。任正非的父亲任摩逊一生谨小慎微，从不随意发表言论。但他躲过了1957年"反右"、1959年"反右倾"、1964年"四清"，却没能躲过"文革"。这一次，作为从教的文化人，他首当其冲成为了靶子，受到了前所未有的折磨。他被押在高高的台子上，头戴高帽，满脸涂黑，反捆双手，旁边的人对他拳打脚踢，不时被踢倒在地。不仅如此，他还被挂着黑牌，装在卡车上进行游街……而任正非年幼的弟弟妹妹们在一旁吓得瑟瑟发抖。

远在重庆读大学的任正非尽管注意到了周遭环境的变化，却对家中正在发生的事情毫不知情。直到有一天，同班同学从别处得知了这个消息并告诉他，他才知道父亲经受了怎样的屈辱与打击。任正非忧心忡忡，但作为一个学生，又束手无策。他火急火燎地给母亲写了一封信，想知道家里发生的一切，但母亲迟迟没有回信。

在迷茫而又焦急的等待之中，任正非收集了许多传单，并把它们都寄给了母亲。其中一张传单上写着周恩来总理的一段讲话："干部要实事求是，不是的不要乱承认。事情总会搞清的。"山重水复疑无路，柳暗花明又一村。任正非希望父亲能够坚持住，他坚信真相大白的那一天很快就会到来。

程远昭把周总理这一段讲话的纸条，偷偷藏在了饭里，送到了在监狱里受难的任摩逊手中。后来，任摩逊说，这张条子救了他的命，因为这张条子，他才没有自杀。很久之后，任正非才知道这不是真实原因。母亲告诉他，父亲之所以没有自杀是出于对孩子们的担心，他担心只要他一死，就是自绝于人民，而他的七个孩子将从此背上政治包袱，一辈子不知道如何生存。所以，他即便是忍受百般甚至千般万般折磨，也不会选择自杀。

在当时，任摩逊就有同事因为忍受不了折磨，自我终结了生命。任摩逊与程远昭的压力之大、恐惧之大可想而知。为了不让任正非担心，父母还是选择了刻意隐瞒，但重庆早已被惶恐笼罩，各种小道消息漫天飞，任正非怎么能不担惊受怕呢？

1967年，重庆武斗尤为激烈，学生们已无心学习，学校也已经停课，任正非回家的心尤为迫切。但是当日的票已经售罄，为了回家，任正非只能冒险扒火车。事情并没有想象的那么顺利，在火车上，他还是被查了出来，被暴打了一顿不说，车站工作人员还不让补票，结果他就被硬生生地推下了火车。

后来，他又买了一张票，但即便是有票，他也不敢在父母工作的城市下车，而是提前一站下车，步行十几里路回去。任正非到家时已是半夜，此时的父亲虽然不再被关押，但却经常会被带走审查盘问。父母见到他时，一半是欣喜若狂，一半是提心吊胆，喜的是见到了许久未见的儿子，担心的是儿子被牵连。他们让任正非别耽搁，第二天一早立马离开。

任正非虽然也想多陪陪父母，但他也害怕父母担心的事情发生，让事情会变得更麻烦、更严重，所以他应了下来。第二天临走时，父亲脱下一双旧反毛皮鞋让他穿上，任正非照做了。然后，父亲对他说："记住知识就是力量，别人不学，你要学，不要随大流。""学而优则仕是几千年证明了的真理。""以后有能力要帮助弟妹。"

任正非听了父亲的话，内心波涛汹涌。父亲已经把整个家庭的责任交给了他，他又怎能不努力呢？背负着父亲的重托，任正非回到了同样混乱不堪的重庆。他不再关注外面的纷纷扰扰，全身心投入知识的海洋中。他将樊映川的高等数学习题集从头到尾做了两遍，学习了逻辑、哲学等知识，还自学了三门外语。

后来，回忆这段心酸的往事时，任正非说：

> 我当年穿走爸爸的皮鞋，今天是十分后悔的。我那时是一个学生，是自由人，不用泥里水里跑，而爸爸那时是被押着做苦工，泥里、水里，冰冷、潮湿……他才真正需要。我那时只理解父母的温暖，没有理解他们的需要，也太自私了。

回忆起"文革"，任正非说道：

> "文革"对国家是一场灾难，但对我们是一次人生的洗礼，使我政治上成熟起来，不再是单纯的一个书呆子。

而"文革"中父亲的那句叮咛——"知识就是力量",让任正非终身难忘。这种对于知识对于科学的重视,也反映到任正非后来治理华为的行动当中。

入伍参军：用技术填补国家空白

在 20 世纪 60 年代的中国，大学生还是一种极为稀缺的"生物"，因为稀缺所以重要，毕业后都能拥有不错的工作去处。

1967 年，任正非结束了四年的大学生涯，顺理成章地迎来了人生的下一个阶段：步入社会。新中国成立初期，实行的是计划经济体制，对于高校毕业生也"统包统分"、"包当干部"。与那届所有的毕业生一样，任正非满心期待着国家的分配，憧憬着报效祖国，回报父母。

但受"文革"影响，这一等就是整整一年。到了 1968 年，政策发生了天翻地覆的变化。国家规定，大学毕业生只能当工人、农民，不能当干部，也不能从事科学技术工作。这种变化对于任正非来说是莫大的打击。四年的寒窗苦读都是为了通过知识改变命运，但工人和农民的职业与四年学习毫不相干，而且收入很低，何以完成父亲希望他"照顾家庭"的重托？

虽然每个人都无法选择自己的家庭、地域和时代，但在自己能够左右的关键时刻，抉择更能体现一个人的魄力所在。正如一句名言所说，"要让自己选择生活，而不能让生活决定我们的命运"。任正非坚信天无绝人之路，他决定顺遂本心，自主择业，选择与自己专业相关的工作。于是毕业后，他去了建筑工程单位。

后来，任正非遇到了第一任妻子孟军，两人相爱并于 1970 年初结婚，1973年生下女儿孟晚舟，1975年有了儿子任平。

由于仍处于"文革"时期，任正非的家境陷入了比自然灾害时期更艰难的境地。中央文革为了从经济上打垮"走资派"，下文控制他们的人均标准生活费不得高于15元，再加上各级造反派层层加码，真正到手的平均10元左右。母亲患有严重的肺结核病，由于得不到很好的治疗，几乎耳聋。弟弟妹妹们为了赚钱被介绍去河里挖砂子、修铁路抬土方……就是在这样的艰苦条件下，他们还一起凑了100元在任正非结婚时作为贺礼。

在女儿孟晚舟出生的这一年，恰是国家为了加快经济建设国家扩编基建工程兵之际，孟军与任正非商量着要不要响应国家号召入伍。当时，中国主流价值由工人、农民和军人主导，既然不想做工人和农民，军人就是他们最理想的选择。

就这样，孟军先行入了伍。随后，任正非也提交了入伍申请。然而，想起自己的家庭变故，他心里一点谱都没有。好在那时，国家已经有上千万干部被打倒，任正非不再是被孤立的一员，再加上对任摩逊的审查一直没有定论，所以任正非最终如愿以偿地成为了基建工程兵的一员，以技术兵的身份入伍。

所谓基建工程兵，其实全称为"基本建设工程兵"，是陆军的一个兵种。这个兵种设立于1966年8月，初衷是适应国家经济建设和国防建设的需要，解决地方施工队伍在其施工期间因家属拖累较大、跨区调动困难等因素带来的矛盾。基建工程兵虽然不参与战斗，但在军中的作用至关重要。周恩来总理曾如此评价他们："劳武结合，能工能战，以工为主。"他们还有一首热情洋溢的《基建工程兵之歌》："我们是光荣的基建工程兵，毛主席的教导牢牢记心上，阶级斗争我们做先锋，基本建设当闯将。从南方到北方，从内地到边疆，艰苦奋斗，四海为家，祖国处处摆战场，艰难万险无阻挡……"

入伍后，任正非参与的第一个工程是建化纤工厂。当时，中国工农业的运作已经进入完全无序的状态，国家处在极度困难之中，中国人在吃饭、穿衣上都面临着巨大的苦难，大家的衣服上大都打着各种补丁。在这种情况下，国家希望每个老百姓每年都能穿上一套新衣，而化纤在当时被认为是不错的材质，它不会变得皱巴巴，做成衣服也很漂亮。于是，国家就从法国的德布尼斯·斯贝西姆公司引进了世界上最先进的化工设备，建立化纤厂，通过生产化纤提供化纤服装。

化纤厂设在东北辽阳市太子河边上，条件非常艰苦。任正非跟随部队进入施工现场时，看到的是一片荒芜。数十平方公里内，没有一间房屋，部队只能全部睡在草地上。即便是后来工厂拨款建了一批土坯房子，也漏雨漏风，最低温度达到零下 28 摄氏度。那时，肉和油的供应极少。东北老百姓每月供应食用油 3 两，没有任何新鲜蔬菜。任正非他们每年有半年时间每天吃的是杂交高粱，以及一个大混凝土池腌制出来的酸菜和酸萝卜。

虽然吃了很大的苦，但在那段日子，任正非心是甜的。他第一次见识到了什么叫世界上最先进的技术，也可以放心大胆地读书，学习那些他完全搞不懂的现代化设备。要知道在其他地方读书大多是要受批判的，唯在工厂，他可以潜心学习。后来，当华为在世界范围内闻名遐迩时，他再次回忆起这段生活，说道：

> 我们一边学习最先进的技术，一边过着最原始的生活，这就是那段时间的经历，用一个词总结，就是"冰火两重天"。[1]

由于技术突出，再加上能吃苦，任正非很快便在人才济济的军队

---

[1] 2019 年 1 月 15 日，任正非接受国际媒体采访时的纪要

中脱颖而出，一路从连队的技术员晋升到一个 20 多人小型建筑研究所的副所长，技术职级是副团级。

在日复一日的艰苦生活中，任正非仍然记得父亲的那句话，"知识就是力量"。除了读一些必要的专业书籍，他还读了很多别的书，从《资本论》《逻辑学》到《毛泽东选集》，都在他的书单之中。在所有书籍中，他最喜欢读毛泽东的，吸纳了毛泽东思想中的很多精华。在后来的创业生涯中，他又将这些思想拿出来，指导着华为的千军万马，披荆斩棘。

在化纤厂的建设过程中，任正非发现设备缺少一种仪器。沈阳自动化研究所的一个技术员在国外见过这种仪器，并告诉了任正非该仪器的样子。善于钻研的任正非，整日泡在仪器研究上，最终用数学推导的方式推导出仪器的设计。但当时他对结果并没有把握。为了确定推导是否合理，他跑到东北大学请教了一位教授，得到教授的肯定后，任正非才把仪器发明了出来，也因此填补了国家的这项技术空白。

但由于父亲的事情一直没有着落，无论任正非表现多么突出，他都像一个绝缘体，与立功、获奖无缘。在他领导的集体中，几乎每年都涌现大批奖项，如个人三等功、个人二等功、集体二等功等，而唯独他这个领导者，从未受过嘉奖。但这恰恰造就了任正非淡泊名利的品格。多年以后，他回忆说：

> 我也从未有心中的不平，我已习惯了我们不应得奖的平静生活，这也是我今天不争荣誉的心理素质培养。

1976 年 10 月，中央粉碎了"四人帮"，结束了"文化大革命"。"十年浩劫"之后，国家需要好的案例证明科学技术的重要性，任正非因在部队中有过发明创造而被报刊广为宣传，在广泛的宣传影响下，他一下子成了奖励"暴发户"，突然之间"标兵""功臣"等称号全来了。1978 年 3 月，他幸运地被选中参加了全国科学大会，亲耳聆听了邓小平关于"科技是第一生产力"的重要阐述。当时他只有 34 岁，而在 6000 多个代表当中，35 岁以下的仅有 150 人。从那时起，他意识到了科技对于未来中国的意义所在。

一切都在朝好的方向运转。1977 年 8 月，党中央召开了中国共产党第十一次全国代表大会，并正式宣布"文化大革命"的终结。

粉碎"四人帮"后，父亲任摩逊终于苦尽甘来，得以沉冤昭雪，并应国家要求去重点中学做了校长。他兢兢业业，任劳任怨，直到 1984 年退休。

父亲的任劳任怨精神感染着任正非，他说：

> 我为老一辈的政治品德自豪，他们从牛棚中一放出来，一恢复组织生活，都拼命地工作。他们不以物喜、不以己悲、不计荣辱、爱国爱党、忠于事业的精神，值得我们这一代人、下一代人、下下一代人学习。生活中不可能没有挫折，但一个人为人民奋斗的意志不能动摇。

军队转业：中年跌入人生低谷

历史的车轮滚滚向前，中国以前所未有的新面貌一往无前。

1978 年 12 月，中国共产党第十一届三中全会在北京召开，拉开了改革开放的序幕。党和国家把工作重心转移到社会主义经济建设上，并建立了社会主义市场经济体制，中国经济迎来了历史性转折。

时代的变迁，影响着每一位中国人的生活。任正非的生活更是今非昔比。在父亲平反后，他加入了中国共产党，弥补了一直以来未入党的遗憾。1982 年，时值国家提倡干部要"四化"，即年轻化、专业化、知识化、革命化，任正非恰恰符合条件，幸运地被推荐去参加了中国共产党第十二次全国代表大会，还幸运地与党中央领导合了照。任摩逊将这张照片裱好挂在了墙上，每当看到这张照片，他都会露出欣慰的笑容：任家终于走出了苦难岁月。

任正非还有了新的奋斗目标，他希望在自己退伍之前，能够获得中校军衔。可惜的是，这个梦想还没来得及实现，就迎来了大裁军。1982 年 9 月，解放军进行第七次大裁军，51 万余人的铁道兵，以及 1978 年 1 月成立的基建工程兵，将被集体转业到铁道部和原配属的国家各部委或所在省、自治区、直辖市，部分部队转到武警部队。

在部队工作生活了 14 年的任正非，内心极为不舍。二十多年后，忆及裁军政策，任正非说：

我有幸在罗瑞卿同志逝世前三个月，有机会聆听了他为全国科学大会军队代表的讲话，说未来十几年来是一个难得的和平时期，我们要抓紧全力投入经济建设。我那时年青，缺少政治头脑，并不明白其含意。过了二、三年大裁军，我们整个兵种全部裁掉，我才理解了什么叫预见性的领导。

基于他在部队中出色的技术表现，部队准备安排他去军事科研基地工作。军事科研，既是国家重视的方向，也是任正非擅长的、心之所向的领域。去或者不去，他的心中已有答案。

为了宣布这个好消息，他把妻子、女儿叫到军事科研基地参观，但在参观过程中，女儿突然说了一句话："爸爸，这地方好荒凉啊！"

女儿无意中的一句话间接地成为他人生的转折点。他自从入伍以来，即与妻子、孩子两地分居，很少见面，无论是作为丈夫还是父亲，他都未尽到陪伴的责任。如果自己继续留在军事科研基地，就意味着妻子和孩子要继续过着与他聚少离多的日子。他可以在荒凉、艰苦的地方生存，但不能让妻子、孩子跟着他继续受苦。

想到这些，他想："是时候离开了。"就这样，任正非为他的部队生活划上了句号。如今再回头看，部队的经历对他的影响是深刻的。他的雷厉风行、淡泊名利、艰苦奋斗等都是他军人气质的最好证明，而他后来创办的华为也成为典型的军事化管理企业。

军队转业后，38 岁的任正非来到了深圳，到妻子孟军所在的单位南油集团工作。从军队步入社会，任正非感到非常陌生。当时，社会开始进入 PC 时代，但他不知道电脑所为何物。当美国、加拿大留学归来的同学，跟他讲"超市"的故事时，他完全不理解什么叫"超市"，同学解释说，就是"货架上就可以把货取下来"，他还是听不懂。他不知道什么是"卫生间"，也不理解为什么要把"卫生间"搬到卧室里，有限的见识让他的第一反应便是，"这多臭呀"。

与此同时，中国正在从计划经济走向市场经济，但他不知道市场经济到底是什么，所有人也都是摸着石头过河。深圳作为中国第一个经济特区，市场化程度比中国其他任何地方都要快。作为一个一直在军队里工作、完全服从命令的人，突然在市场经济环境下进行货物的交付运作，任正非从头到脚都不适应。

对商场上的唯利是图、尔虞我诈、官僚主义作风，任正非更是深恶痛绝。他激进耿直又刚正不阿，不喜阿谀奉承。他崇尚奋斗，习惯热血，憎恨得过且过，而这些都与同事们显得格格不入。

不止如此，让任正非更难以忍受的是，由于妻子孟军是南油集团的高管，他被误认为进公司靠的是裙带关系，被同事在背后议论纷纷。他发誓要用一番作为证明自己，于是便跑到老板的办公室，问老板能不能让他去管理一家集团旗下的公司，并立下军令状保证超预期完成目标。

老板抹不开面子，且不想打击他的一腔热情，就派他去了集团旗下的另外一家公司担任"总经理"职位。此时的任正非已经理解了商场复杂、人心险恶，但是明枪易躲、暗箭难防，他还是一脚踏进了商业陷阱，被骗了200多万元。200多万元，对于当时的任正非来说，是一个天文数字，当初夫妻俩从军队转业也才发了3000元。对于公司而言，这也是一笔巨大的损失，以至于公司高管大发雷霆，指着他的鼻子破口大骂，并开除了他。

离开了令人艳羡的国企南油集团，他该何去何从？任正非心有不甘，更有一种看不清未来的痛苦，那是一种人至中年，上有老下有小，却在事业上一无所有的彻骨之痛。但军人骨子里的担当让任正非来不及疗伤，他急需一份事业去证明自己，让父母、妻儿过上更好的生活。

他没想到的是事业的不幸也成了家庭矛盾的导火索。那是任正非的父母和兄弟姐妹已来到深圳一起同住，一家人平时虽有小矛盾但不至于分崩离析。但任正非失业之后，养育家庭的重担就落在了妻子孟军一个人的肩上，孟军在重重压力之下难免心存哀怨。

因为事业而心烦意乱的任正非已无暇顾及妻子的情绪。家庭矛盾不可避免地一触即发，慢慢地，原本异常和谐的夫妻关系有了裂隙。两人常为一些琐碎小事争吵不休，最终闹到了将"离婚"二字说出了口。父母听说后心如刀割，但劝说已经动摇不了二人想要离婚的决心。最终，这段婚姻宣布了解体。

商场失意，情场也失意，接二连三的打击让 44 岁的任正非迈入人生的至暗时刻。然而，风能吹灭蜡烛，也能吹旺篝火。对于军人出身的任正非而言，至暗时刻也正是绝地反击的时刻。经历过三年灾害、"文革"的他，打心底里觉得，活下去是最低也是最高的目标。

为了活下去，他再一次站了起来，探索自己未来的出路。

第二章

开局：以奋斗者为本

　　在一个人的一生中，真正决定命运的机会不过是屈指可数的几个瞬间而已。在又一个决定人生方向的机会面前，任正非赤手空拳地选择了在通信行业创业；在决定华为未来走向时，任正非义无反顾地选择了在研发上死磕……这些在当时看似不经意的瞬间不仅反映出任正非非凡的战略决心，也为华为的登顶做好了铺垫。

从代理交换机做起

20 世纪 80 年代的中国，就像美国 19 世纪中期的淘金热一样，遍地充满着机会，但凡敢于冒险者都有一夜之间从身无分文的穷小子变为富翁的机会。但两者也不完全一样。后者起因于美国移民在西部发现金矿而形成的规模空间的西进运动，前者则是起因于国家政治环境和经济政策的转变。

1979 年 4 月，邓小平在中央工作会议上对广东省领导人说："还是办经济特区好，过去陕甘宁就是特区。中央没钱，你们自己去搞，争取杀出一条血路来。"于是便有了南海边的"那个圈"，被列为中国第一个经济特区的深圳，因此成为全国乃至全世界注目的焦点。

从那时起，中国南部沿海城市的深圳便成了全国人民心目中的淘金乐园，成了人们心目中遍地黄金的致富圣地，成了人们实现理想和人生价值的梦幻城市。大批怀揣梦想的年轻人不惜放弃手中的"铁饭碗"奔赴深圳，希望能在这个充满神秘和希望的城市快速淘到人生的第一桶金。

1984 年被称为中国的"创业元年"。这一年，下海创业蔚然成风，无数公职人员纷纷辞职下海创业。然而，如同一个世纪前的美国淘金热那样，在众多的淘金者中，大多数折戟铩羽，无功而返。这一年创办的无数公司中，只有为数不多的公司存活下来。发展到今天成为巨头公司并且硕果仅存的有柳传志创办的联想、张瑞敏创办的海尔、王石创办的万科。与这些巨头公司齐名的，还有四年后一个退伍军人创办的名叫华为的公司。

1987年10月，任正非已届不惑之年。他在深圳湾畔的一间破旧厂房里，与5位同伴集资2.1万元创办了一家小公司，取名"华为"。后来，有人问任正非，为什么公司叫做"华为"？他说，当时注册公司时，他实在想不出名字，看到墙上"中华有为"的标语就拿来用了。由于"华为"的发音是闭口音，不响亮，他觉得名字取得不好。"所以十几年来我们内部一直在争议要不要改掉华为这个名字，最近我们确定不改了。我们要教一下外国人怎么发这个音，不要老念成'夏威夷'。"

"华为华为，中华有为。"几十年后，当华为成为一个走向世界甚至改写中国乃至世界通信制造业历史的大公司，人们才"马后炮"似的恍然大悟：原来，谜底早就藏在了名字里。

注册完公司，任正非一分钱都没有了，大家的希望全在"华为"身上。然而，对于华为而言，成立公司只是万里长征的开始。创业初期，打着"技术公司"名头的华为其实要啥没啥：一没技术，二没产品，三缺资金，四缺经验。任正非的压力很大，他还是没明白如何走市场经济的路子，甚至本能地认为赚别人的钱，是一种欺骗行为。但是必须生存下去，他从一开始就没有好高骛远不切实际地树立一些没有具体方案支撑的远大理想和目标，而是简单务实地只想活下去，不管以任何方式。

因此，华为刚成立时，与联想刚起步时一样，做着倒买倒卖的生意，见什么好卖就卖什么，见什么赚钱就做什么。当时，任正非既卖过火灾警报器，也卖过减肥药，前者属于工业仪器领域，后者属于养生保健领域，完全是两个毫不沾边的行业。

即便是如此，由于订单量有限，靠倒卖这些东西赚到的只是杯水车薪。任正非意识到这不是长久之计，必须寻找新的出路。一次偶然的机会，有科研情结的他从朋友那里了解到通信行业小交换机有很大的市场需求，比如工矿企业、宾馆、公安等行业对此产品都有需求。当时全国有 200 多家企业经营这种产品，但国产的组装产品质量很差，如果从国外进口，价格又很昂贵。

经过考证，任正非发现，香港一家公司生产的 HAX 交换机质量比国产的好，价格又比进口的低，任正非迅速决定做这家公司的代理商。虽然这次跟以前一样，还是"倒爷"的活儿，但华为的日子好过了。加上任正非十分重视售后服务，尽管是后来进入者，但却以快于他人的速度迅速打开了市场。由于订单太多，一度造成那家香港公司缺货的现象。据说，任正非拿到了 2000 万元进价的货物，仅仅 3 个月时间，就卖出了 4000 多万元，由此获得了创业的第一桶金。

这一桶金来之不易。在任正非开始创业的 20 世纪 80 年代，人们对创业赋予了一个新词，叫做"下海"。单从字面意思就不难理解，创业意味着风险，意味着九死一生，意味着有诸多不确定的因素和更多的付出。

创业初期，任正非的日子过得很艰辛。他的工资每月只有 500 元人民币，却要支撑一大家人的生活。父母、侄子和他一起挤住在十几平方米的小房间，由于没有厨房，他们只能在阳台上做饭。当时，广东菜市场里的鱼虾只要死了就十分便宜，父母就专门买死鱼、死虾吃，还安慰任正非道："这比内地还新鲜呢！"到了晚上，菜市场快关门时，他们才出去买菜与西瓜，因为只有当天卖不掉的蔬果才会便宜。

父母如此勤俭节约，是为了攒一些钱以备将来救济他，他们担心儿子创业失败后无法生存。可怜天下父母心！直到 2000 年 1 月 8 日因车祸去世之前，任正非的母亲都还说自己存有几万元，留着以后救济他；

"他总不会永远都好。"

在创业过程中，任正非不止一次发出这种掷地有声的感言："谁能忍受别人忍受不了的痛苦，谁就能走到别人的前面。""从来就没有什么救世主，也不靠神仙皇帝，要创造新的生活，全靠我们自己。"在一次国际信息展览会上，华为的展台上赫然打着这样的标语。由此可见，任正非艰难的创业历程和华为艰难的成长历程。

"活着就是硬道理。"在华为的内部会议上，任正非无数次阐述了他的这一创业逻辑。在1999年的集成产品开发动员大会上，作为一家创业十年的公司的老总，任正非直截了当地指出：华为公司的最低纲领就是要活下去。

2000年，任正非把他的这一创业理念总结成文，以《活下去，是企业的硬道理》的标题发表。在这篇文章中，任正非写道：

> 对于我个人来讲，我并没有远大的理想，我思考的是这两三年干什么，如何干，才能活下去。我非常重视近期的管理进步，而不是远期的战略目标。活下去，永远是企业的硬道理。

企业如何才能活下去，这是每一个做企业的人绕不过去的值得考虑的问题。关于这个问题，任正非在他的《活下去，是企业的硬道理》中这样总结道：

> 企业能否活下去，取决于自己，而不是别人，活不下去，也不是因为别人不让活，而是自己没法活。活下去，不是苟且偷生，不是简单地活下去。活下去并非容易之事，要始终健康地活下去更难。因为它每时每刻都要面对外部变化莫测的环境和激烈的市场竞争，面对内部复杂的人际关系。企业必须在不断地改进和提

高的过程中才能活下去。

　　活着！多么简单浅显的两个字！但在市场竞争白热化、客观条件存在诸多变数，大环境随时在发生变化的情况下，这并不是人人都能做到的。究竟企业如何才能活下去，活得更好？很多创业者在订立创业目标时，会不切实际地树立一个远大的目标，却不去考虑企业发展中存在的诸多变数，诸如客观环境等各个方面的变化，并随时进行调整，结果稍不留神，就被商海无情的浪头淹没掉。

研发：中国企业中国技术

在任正非下海创业的 20 世纪 80 年代末 90 年代初，关于中国的通信设备正流传着"七国八制"的说法。也就是说，从农村到国家骨干电话网用的是来自七个国家的八种制式的设备。诸如：日本的 NEC 和富士通，美国的朗讯，瑞典的爱立信，德国的西门子，比利时的 BTM 公司，法国的阿尔卡特。当时我国正处于从计划经济向市场经济转型时期，许多政策法规还不健全，国内工业体制、技术改造尚未完成。在这种情况下，国家为了加快发展速度，只能是不断用优惠政策吸引外资，引进技术，填补空白领域。

由于市场的过快出让，我国的许多领域都出现了外国产品高价格长期垄断市场的局面。作为高科技产业的电信设备行业就是这样。这种情况使国内的许多小企业从一开始起就陷入极端被动的局面。那时候，没有技术的小企业只有走代理国外产品的路。市场刚放开时的情况是：只要能搞到进口货，有多少卖多少，不愁卖不出去。

纵观近代中国的商业发展，从 1861 年的洋务运动到 1978 年的改革开放，在这一百多年的工业化进程中，中国始终没有诞生一家真正意义上的跨国公司，主要问题就是缺乏核心技术。尽管很多企业家都清楚，没有核心技术的企业难存活也长不大，但因为害怕研发的高投入所带来的高风险，很少有企业愿意冒这个风险。

理科出身的任正非就不信这个"邪"，中国企业不能没有中国技术。赚到第一桶金后，他并没有像当时的许多暴发户那样，要么做炒股、炒地皮等来钱快的投机生意，要么就此散伙，出国享受。搞科研上瘾的他迅速瞄准了程控交换机这个市场。在对美国波士顿、拉斯维加斯、纽约、圣克拉拉等城市进行了一番考察后，任正非决定成立技术攻关小组，瞄准当时最先进的美国 AT&T 五号程控交换机，集中所有资源强力突破。

1991 年 9 月，任正非在深圳宝安县蚝业村工业大厦租下了一整层楼作为研发基地，他与公司几十名员工一头扎进了技术研发之中。由于资金有限，工作和生活的条件都非常简陋。仓库、厨房、宿舍设在同一层楼。宿舍里，十几张床挨着墙一溜排开，床不够就用泡沫板加上床垫来凑。有时候干活太累了，倒在泡沫板、纸板上就睡了。有时半夜卸货，大家立即爬起来，卸完再睡。大家都以厂为家，很多人一连几天都不下楼，外面刮风还是下雨都不知道。创业阶段虽苦尤乐，大家心往一处想，劲往一处使。

为了早日突破技术瓶颈，任正非"求"来了两位不可多得的人才：一个是华中科技大学研究生郭平，一个是清华大学博士郑宝用。为了尽快突破核心技术以抢占市场先机，在任正非的带领下，华为员工更是一天当两天地赶时间。他们几乎就没有"下班"的概念，有的员工甚至接连几个月都没有走出办公楼一步，有的员工由于劳累过度而住进了医院。

在这期间，任正非由于操劳过度而骤显苍老，不仅脸上的皱纹增多，白头发也一下增添不少，看上去整整比实际年龄大了十岁。当时，沙特阿拉伯商务大臣来参观华为时，看到华为办公室的柜子上摆放了许多床垫，他就把所有随行人员都招呼过去，听华为员工解释这床垫是干什么用的。他对华为员工的奋斗拼搏精神非常感慨，认为一个国家要富裕起来就要有奋斗精神。

从那以后，华为的"床垫文化"就流传下来了，成为华为人艰苦奋斗的一个见证：在每个开发人员的办公桌底下，都卷放着一个床垫，午休时、加班时或干活累了时，铺在地上就可以当床睡觉。这个传统一直延续到 1996 年之后，在华为自主研发的程控交换机在市场上取得很好的反响后才得到了改善。从那时起，床垫主要是用于午休而很少用于加班。华为已经不再鼓励"加班文化"，但当初的奋斗拼搏精神一直保留着。

就这样，经过无数次的失败并先后投入上亿元的资金之后，在极为简陋的研发条件下，1991 年 12 月 31 日华为终于推出了自有知识产权的程控交换机 BH03，也终于摆脱了创业初期没有产品只能做代理的困境。

这一天晚上，为了庆祝 BH03 的诞生以及新一年的到来，华为难得地召开了一次餐会。酒足饭饱之时，任正非豪情万丈地提出了"世界级的领先的电信设备提供商"的构想，并且"10 年之后，世界通信行业三分天下，华为将占一份"。三言两语，将他的野心与魄力展现得淋漓尽致。

乔纳生·斯威夫特曾说："远见就是见人所未见的艺术。"多年后，当华为真的实现当初的设想时，人们才发现任正非的远见卓识。但任正非的回答迥然不同。20 多年后，回忆当初订立的伟大目标时，任正非谦虚地说：

> 当时我们并不了解这个世界，也不懂得通讯这个产业。所以，从小就想做伟大领袖，一创业就想做世界第一，但这不符合实际。[1]

---

[1] 2018 年，任正非会见索尼 CEO 吉田宪一郎的访谈纪要

　　BH03 问世后，华为的研发并没有停止。在郑宝用博士的带领下，华为研发出 HJD48 系列，并在一众厂商中脱颖而出。凭借 HJD48 系列，华为 1992 年的总产值突破了 1 亿元。

　　1993 年年初，在深圳蛇口的一个小礼堂里，华为召开了 1992 年年终总结大会。任正非在台上只说了一句"我们活下来了"，就泪流满面地没有再说下去。从 1987 年到 1992 年，华为多次走在生死边缘。为了让华为活下去，任正非什么脏活累活苦活都干了，当华为真的活下来时，他所有的委屈和所有的欣慰也都涌上心头。一时间无语凝噎，只剩下流露真情的眼泪。

全员持股："画蛋孵鸡"战略

研发与资金是一对孪生兄弟。在当初确定研发路线时，任正非并不清楚研发是一个无底洞，也不清楚其技术难度之高。然而上了这条"贼船"，他就没了退路，只能破釜沉舟，背水一战。多年后，任正非接受媒体采访，被问及此事时说道：

> 我们选择通讯，完全是偶然，不是必然。我们当时认为，通讯产业很大，只要小小做一点，就能活下来。我们却不知道通讯产业这么规范，技术标准这么高。也许走向其他产业，我们的人生会轻松一些。但是，我们已经走上这条路，当时如果退回去，一分钱都没有了，还要面临着还债，所以只有硬着头皮走下来……选择通信，不是英明，而是我们确实不知道这条路有多难。如果我们早知道通信如此之难，可能还要付出自己的生命代价，那时我们就不走这条路了。[1]

在任正非决定要自主研发的1990年，华为主要依靠自有资金周转。银行的贷款对象是带"国"字头的企业，基本上不会贷款给一个刚刚

---

[1] 2018年，任正非会见索尼CEO吉田宪一郎的访谈纪要

起步且毫无知名度的民营企业，因为怕担风险。在研发 BH03 的过程中，华为已经到了揭不开锅的境地，任正非四处找银行贷款受拒。与此同时，中国工商银行却与国内电信行业的龙头老大巨龙公司签订了长期协议，并向巨龙公司提供了包括买方信贷在内的 5 亿元贷款。紧接着，中国建设银行也跟巨龙公司签署了总规模为 7 亿元的巨额贷款协议。谁能想到，若干年后，那个陷入资金困境的小公司会摇身一变取代巨龙，坐上了国内电信行业老大的宝座。当年连正眼也不瞧一眼华为的那些银行，纷纷想办法通过各种渠道找到任正非，声称："任总您要多少贷款立马就给！"有的银行甚至希望华为在他们那里开展结算业务。对此，任正非戏谑道："当年我们没钱时找你们借钱，你们躲得远远的，死活不给。如今我们有钱了，你们却找上门来，千方百计塞钱给我们。银行真是嫌贫爱富啊。"

在当年，为了把更多的资金投入到研发当中，公司在长达六个月时间里没有发出一分钱工资。春秋时代的著名思想家管仲有句名言，"仓廪实而知礼节，衣食足而知荣辱"。意思是说：在没有充足的物质做保障的前提下，很难保持礼仪和尊严。在工作中，也很难保持努力工作的激情。任正非是一个非常懂人性的企业家，他在号召全体员工发扬艰苦奋斗的精神的同时，也在积极探索一套适合企业发展的经营机制，包括利益驱动机制、权力驱动机制、成就驱动机制、理想追求与价值驱动机制。

为了不让员工因公司困难而喝西北风，从而丧失工作热情，任正非只能孤注一掷。他开始向大企业借款度日，尽管借款利息高达 20% 到 30%。甚至他还规定：谁能给公司借来 1000 万元，就可以一年不用上班，且工资照发不误。

此时的任正非清醒地认识到，华为要发展，最离不开的两样就是人才和资金，而资金和人才的关系，就像蛋和鸡的关系一样，没有蛋就不能孵化小鸡，没有鸡也无从生蛋。但那时的华为却是既没有"蛋"也没有"鸡"。在困境面前，任正非没有坐以待毙，而是创造性地想出了"画蛋孵鸡"的办法："画"出很多"蛋"来吸引大批的"鸡"加盟"孵化"队伍，随着孵出的"蛋"越来越多，又吸引了更多的"鸡"加盟，以此解决创业初期缺乏资金和人才的问题。

这种"画鸡孵蛋"的方法之一就是让员工全员持股。1990年，华为开始推行"内部融资、员工持股"的政策，认购价格是每股1元钱。按照工作的级别、绩效、可持续贡献等给予员工股票。员工可享受分红权，但不享受公司法中股东享有的其他权利；员工所持股票要退出时，公司按照购股时的原始价格回购，员工不享有股东对股票的溢价权。

那时，为了挖来高级技术人才，也为了调动人才的积极性，任正非在招人时承诺了极高的报酬。在资金极度紧张的情况下，任正非是如何兑现自己承诺的呢？"内部融资、员工持股"的政策恰恰解决了这一难题。

高薪员工的工资并没有全部到手，他们每个月只能拿到一半的现金，另一半则是记在账上，成为白条。之所以这么做，任正非解释说："我们现在就像红军长征，爬雪山过草地，拿了老百姓的粮食没钱给，只有留下一张白条，等革命胜利后再偿还。"最终，任正非兑现了这一承诺，这些白条都变成股份回馈给了员工，员工也都从中获得了丰厚的回报。

因此，那时候的华为员工，拿着稀薄的工资，住着简陋的民房，却都很自觉地加班加点，夜以继日地为华为工作。激励他们的，就是任正非给他们许诺的内部股权和高分红制度。如果大家都不努力，都不拼命，这些许诺就只是口头支票，是美丽的泡影而已。但如果大家做出了业绩，开发的产品越来越多，市场越来越大，技术越来越先进，创造和积累的财富就会越来越多，大家就会获得丰厚的回报。

给予员工内部股权的办法并非华为独创，但许多公司的创始人只是给予职业经理人或公司高管一定比例的股权，像这样几乎100%全员持股的企业在国内外大型企业中并不多，而能运作成功的更不多见。

华为在最艰难时，员工们做到了与企业共患难；当华为盈利了，任正非立即按照当初的许诺实行"利益共同体"。对此，他有一个形象的说法："带兵打仗，哪能不给士兵几两烟土钱。"直到现在，华为的高薪依然是中国其他企业所无法比拟的，华为的内部股权制度逐渐发展为虚拟受限股制度。所以，华为的成功并不是偶然，而是因为任正非这位领导者。许多公司老板恰恰相反，他们往往只考虑个人的物质需求，从不考虑员工的需求。他们在创办公司的过程中，自始至终都不肯把物质利益与员工的切身利益挂钩。这样很难让员工以主人公的姿态来为公司献计出力。在激烈的市场竞争中，失去员工的支持就等于失去成功的根本保证。

就华为所有的管理政策而言，员工的高收入政策无疑是做得最有效、最得人心的举措之一。

向大型局用交换机市场进军

强生公司前 CEO 拉尔夫·拉森曾说："成长是赌徒的游戏。"如果非要把华为的成长看做是一场"豪赌"，任正非就是一个彻头彻尾的"赌徒"。从某种意义上讲，如果不是一个不知天高地厚的人，任正非或许根本不会踏入创业这盘局，即便是再走投无路。

华为第一款自主研发的产品 HJD48 的骄人成绩，意味着华为置之死地而后生，也意味着任正非拥有超乎常人的眼光，从而赢了这场"豪赌"。但"赌徒"任正非的追求不止于此，他还想干一票更大的。然而，这下一票他就没那么幸运了。

1992 年，在阶段性的成功面前，任正非仍然保持着清醒的头脑、敏锐的洞察力。他深知，若想在激烈的竞争中持续保持成功，华为必须进入更大的市场，打造出更稳定的产品，满足更大规模用户的同时使用。在他看来，电信局掌管着一个地区的电话业务，对局用交换机的需求量大，且质量要求高，是华为目标客户的不二选择。因此，他做出了"开发局用交换机"的决策。

当时在局用交换机领域，华为面临的竞争对手有美国的 AT&T、日本的 NEC，还有法国的阿尔卡特、瑞典的爱立信……它们统统是世界通信巨头。一个羽翼未丰的毛头小子，面对一个个身经百战的盖世英雄，实力差距着实悬殊。

原本就是一场没有多大胜算的赌博，华为还犯了一个险些致命的失误。彼时，数字交换机技术已经成熟，模拟交换技术逐渐走向衰落，华为却选择开发了模拟局用交换机——JK1000。

1993年初，JK1000研发完成。作为一款已落后于时代的产品，JK1000的诞生没有让任正非有丝毫的兴奋。他的心里在打鼓。弃之，则浪费了巨大的研发资金、宝贵的研发时间；留之，则因其是一个过时产品，可能在市场上没有立足之地。在进退两难的抉择中，任正非选择了"留"。考虑到公司已经没有时间再次研发新产品，他决定顺遂那句古老的俗语"是骡子是马，牵出来遛遛"，努力推销JK1000。

然而，战略方向的改弦易辙还意味着需要建立新的市场关系。这是华为进军电信局用交换机的第一次尝试，在电信局客户关系上毫无根基。当时，国外竞争对手进入国内的方式之一是与邮电系统合资成立公司。这么做的好处在于一箭双雕，国外企业既间接获得了邮电系统充足的资金，又拥有了稳定的市场空间，而邮电系统则可以获得一定比例的分红。

既然国外企业可以，华为又有何不可呢？1993年，在广东省与深圳市的支持下，华为与全国21家省会城市邮电系统联合发起成立了合资公司——莫贝克，华为承诺每年提供给股东的分红达30%左右。就这样，华为与电信局客户建立了利益共同体，解除了资金与市场的掣肘。

华为也由此再无后顾之忧，全力以赴地推广JK1000。为了打赢这场仗，1993年5月，任正非亲自主持召开了市场部经理会议。在会议上，他一锤定音："华为公司今后一段时间的工作重点是，向市场大规模推销JK1000局用机！"他还特别强调，各地办事处主任要亲自挂帅，负责本地区内的促销活动；培训中心要抽出精兵强将，负责产品的宣传策划与展示活动；开发部也要派出若干精练的技术人员到各地，参与推销的同时，向用户进行新产品的演示和讲解。

在这次会议上，任正非还明确规定：一，要在自己的内部刊物《华为人》上发表文章，阐明国内通信网的建设要量力而行，循序渐进，一步到位的思想根本就不切合实际；二，华为的销售人员要加大销售力度，必要时可将有意向购买JK1000模拟交换机的电信局人员带到深圳的华为总部，通过技术讨论会让他们明白，饭要一口口地吃，建设通讯网要一步步地走。先上华为的JK1000模拟交换机，等到几年后，再过渡到数字交换机，这才是基于目前形势的最正确的选择。

任正非一声令下之后，华为各部门开始奔走在一线。任正非也没闲着。

这一年，《华为人》刊登了一篇题为"有朋自远方来不亦乐乎——农村通信技术和市场研讨会在华为举行"的报道。从报道来看，在研讨会上，任正非"卖力"地描述着模拟交换机的卖点："数字化交换机固然好，但必须因地制宜进行选择。对于一些贫困地区，数字化交换机太过先进，大材小用，不如现有的模拟交换机经济实惠。"

时任商丘地区邮电局农话科长的张荣钧说："商丘地区也上了一些用户机，但是不尽如人意，尤其是雷击问题更是令人头痛。这几天来，看了华为的机器，觉得华为交换机的性能比较完善。"他还提到："我们国家的通信正在发展，今后可能会采用数字微波，而现在我们用的是模拟中继板，到时不知可否换板？这样既可以更新我们的设备，又可以降低成本。"

面对张科长的疑问，任正非回应说："对于使用了一两年之后元器件已经老化完毕的，正好是进入青壮年时期，可以半价转让给其他地方，何乐而不为呢？也可以通过整个农话局的维修中心，在全省范围内调剂。根据我们的市场预测，JK1000到2000年仍不会落后。目前日本三分之一的交换机还是纵横制的，英国也有将近三分之一。"

据说华为之所以将其取名为"JK1000"，是期待一个崭新的开始。

但是，心理上的安慰并不能扭转残酷的现实。在 1993 年的一整年里，华为只卖出了 200 多套 JK1000。而且，这 200 多套产品的质量问题还很严重，其中好几台在打雷时起火，不仅损害了公司形象，还连累了电信局领导。为了解决问题。任正非指派了几位技术骨干奔赴各地进行维修。他还特意叮嘱他们：

> 在外面就是华为公司的代表，一定要让用户对华为公司留下良好的印象，言谈举止都要体现华为的风范。

虽然危机得到了部分化解，但这次挫败给任正非和华为都敲响了警钟：产品研发一定要顺应时代，落后于时代的产品注定没有好的前途；质量是企业的生命线，做企业永远不能以牺牲质量为代价。

从另一角度看，尽管 JK1000 是失败的，但它是华为成长中的一个具有历史意义的转折点，标志着华为正式步入了电信设备供应商的行列。

C&C08，抢占科技制高点

任正非一脸笃定地站在台上，时不时地四处扫视着台下的员工们。台下的员工们则神经紧绷，两眼紧盯着任正非，生怕漏掉他的任何一个动作、任何一句话。站在他们眼前的任正非，比一年前苍老了不少，皱纹比以前多了，白发也比以前多了，唯有眼神里的坚毅有增无减。

"如果这次研发失败了，我就从楼上跳下去。你们还可以另谋出路！"任正非不紧不慢地说出了这句语惊四座的话。

这是 1993 年 4 月，在深意大厦五楼，华为召开研发动员会的场景。自打预感 JK1000 将以悲壮收尾后，华为上上下下都陷入了低落情绪之中。昔日一起打拼的员工要么提交离职申请，另谋高就，要么惶惶不可终日，担心公司就此一蹶不振。

吉姆·柯林斯在《从优秀到卓越》一书中说："领导不是始于远见卓识，而是始于让人面对残酷的现实，并积极地采取行动。"在残酷的现实面前，任正非并没有退避三舍，而是敢于直面风雨。在山穷水尽之际，他一边继续推广 JK1000，一边再次拉开了研发局用交换机的大幕，甚至放出了"跳楼"誓言。

经历了"产品过时"的教训后，这一次任正非学"乖"了。他决定顺应时代潮流，开发 C&C08（2000 门）数字交换机（以下简称 C&C08）。

与以前一样，重任落在了郑宝用身上。一想到任正非的"跳楼"誓言，再看看华为的研发现状，郑宝用就顿觉泰山压顶。相比模拟交换机，数字交换机的技术要求更高。但对于当时的华为来说，研发水平着实一般，如果没有足够的研发人才，任正非最终可能真的要"跳楼"。为了保证研发的顺利进行，郑宝用一边忙招聘，一边盯研发，忙到焦头烂额。

研发团队在连续高压之下奋斗了几个月后，任正非还是没见到C&C08 的影子。而此时，为了让新产品在推出时就一炮打响，销售部门已经提前拿下了浙江电信义乌佛堂分局的订单。眼看着时间一天天过去，客户的催促电话一个接一个地打来，C&C08 却始终没能拿出来。急性子的任正非按捺不住了。他把郑宝用叫到办公室，下了死命令："一定要在 1993 年 10 月之前将产品拿出来！再拖下去，客户就拖没了。"

郑宝用没有辜负任正非的期望，比预期早两个月完成了研发。C&C08 交换机一经问世，郑宝用就立马带着技术人员去了义乌佛堂分局。作为第一笔订单，华为异常重视这次开局，他们拒绝了义乌邮电局订好的旅馆，从旅馆租了被子，睡在机房里。由于是首次安装使用，C&C08 交换机还存在很多技术问题需要改进，华为的技术人员们就没日没夜地泡在机房里，有时甚至一直忙到天亮。

酷热的三伏天里，华为技术人员安装、调试、探讨、优化……反反复复调试了半个多月，C&C08 交换机终于在佛堂分局安装成功，并正式投入使用。1993 年 10 月，在义乌通汇商厦举行的鉴定会上，C&C08 交换机通过了国家邮电部验收，正式进入电信网络。而佛堂分局的成功使用形成了口碑效应，C&C08 交换机开始在义乌大批量使用，就连电信母局也换成了华为的机器，华为的 C&C08 交换机就此一炮打红。

1994 年 5 月，华为销售额突破 12 万线。任正非悬着的一颗心总算可以放下来一会儿了。为了庆祝这历史性的一刻，6月5日，华为总部与全国27个办事处同时举行了庆祝酒会，任正非在酒会上说：

> "胜则举杯相庆，败则拼死相救"的市场工作原则，几年来感召了多少英雄儿女一批一批地上前线。商场如战场，却又比战场的残酷与艰苦更加持久。苦难的历程，又抚育成长了多少市场营销干部。没有他们一滴汗、一滴泪的奋斗，就不会有今天月销售额突破12万线的好成绩。我代表公司向市场部全体成员表示衷心的祝贺。在全国多个市场上，各省管局都较大幅度地接纳了C&C08。预计6月份的市场（份额）将上升10%。
>
> ……
>
> 几年的时光一晃就过去了。华为从一个小公司逐渐变为一个有实力的公司，更有机会向市场提供良好的服务，售后服务的成本也在降低。在当前市场外患内乱、不正当竞争几乎把国内厂家逼到临近破产的状况下，我们一定要坚持提升技术的先进性，提高产品质量的可靠性，建立及时良好的售后服务体系。在当前产品良莠不分的情况下，我们承受了较大的价格压力，但我们真诚为用户服务的心一定会感动上帝，一定会让上帝理解物有所值，逐步地缓解我们的困难。我们一定能生存下去，为中华民族的通信产业发出光和热。历史给了我们巨大的压力、困难，也给了我们难得的机遇。处在民族通信工业生死存亡的关头，我们要竭尽全力，在公平竞争中生存和发展，决不退步、低头。
>
> 马克思在一百多年前就告诉我们一条真理，我们要深刻地去理解它：从来就没有什么救世主，也没有神仙皇帝。中国要富强，必须靠自己。我们从事的事业，是为了祖国的利益、人民的利益、民族的利益。相信我们的事业一定会胜利，一定能胜利。

C&C08 交换机的成功让华为人看到了希望。6 月，华为在广东省开通了多个母局带模块局的试验。华为开始进军更多市场，一切都在正向生长。

至此，C&C08 交换机取得了初步成功。此时，一个名为李一男的年轻人建议郑宝用开发万门机。李一男当时 22 岁，他在华中理工大学读硕士期间就加入了华为。虽然年轻，且没有什么社会阅历，但他拥有不错的技术。在李一男建言时，郑宝用说："你们尽管开发，开发出来，我保证帮你们卖掉十台。"

任正非对此也鼎力支持，指定李一男"挂帅"。从 2000 门向万门机扩展并非易事。李一男决定效仿上海贝尔，用内部的高速总线将多个 2000 门交换模块连接在一起实现万门机，总线则使用标准速度最快的 Intel 的 Multibus II 总线。

这是一笔不小的投入，需要几十万元购买相关设备，任正非却连眼都没眨地批准了。但当设备买回来之后，李一男发现华为根本就没有技术能力来实现这么快的总线，几十万元就这样打了水漂。

李一男愧疚不已，但任正非并没放在心上。在他看来，失败是研发路上必然会遇到的拦路虎。在无路可走之时，李一男提出了一个大胆的想法，用光纤代替 Multibus II 总线将多个模块连接在一起。那时，光纤网络技术还是一项并不成熟的技术，为了 C&C08 万门机的成功，李一男只能铤而走险。

没想到真的成功了。1995 年，C&C08 万门交换机的样机问世。任正非催促技术团队赶紧去客户那里开局，并千叮咛万嘱咐一定要保证质量、保证服务。就这样，华为技术人员在邳州加班加点调试了两个月，C&C08 万门交换机宣布开局成功。

更好的消息接着传来。在 C&C08 万门交换机的鉴定会上，测试专家认为这款产品"已经达到了国际先进水平"，这意味着华为终于在技术上打平了对手。

　　就在华为在通信行业搅动乾坤之际，从 20 世纪 80 年代末期到 90 年代中后期，中国通信行业风云变幻，巨龙、大唐、中兴开始崛起，它们与华为一起被称为"巨大中华"。"巨大中华"的问世，对于中国来说是一个具有历史意义的转折，它意味着中国告别了被国外企业垄断的局面，一个崭新的篇章已经揭开。

第三章

管理规范化的开端

从 1987 年到 1996 年，华为实现了野蛮生长。随着企业规模越来越大，人员越来越多，草莽时代的管理手段已发挥不了任何作用。员工开始膨胀、开始懒惰，管理开始混乱无序……在重重危机的包围下，任正非是如何带领华为从"土八路"走向"正规军"的呢？

高速运转之下的管理危机

华为起家的时候是一个典型的小作坊，依靠"人海战术"取得了第一桶金。尽管在短期内这种"人海战术"能够突破技术和市场的限制，以压倒一切的便捷优势抢占市场，赢得利润。但从长期来看，最大的弊病就是浪费大、效率低。与早已形成规范化、程序化、表格化、模板化的西方同行相比，这种土枪土炮的运作模式显得不堪一击。

企业尚小的时候，管理问题不太明显，任正非也就没把重点放在内部管理上。但当华为的员工人数开始爆发式增长时，小作坊式的粗放管理导致企业漏洞百出。

这也怨不得任正非。在那个乱世出英雄的时代，军人出身的他信奉"重赏之下必有勇夫"的信条。为了开拓市场，他时常"饥不择食"地对员工封官加爵。那些缺乏工作经验，但充满激情的刚毕业的大学生被他列为"攻占山头"的第一梯队的人选。只要稍微有些业绩，他们就能平步青云地被提拔来带团队。有的学生刚毕业两年，就被提拔管理五六十人的队伍。研发人员也可能因为某项技术突破，阶段性地提高了公司的市场份额，职位就突飞猛进地提升。市场部因为开疆拓土的需要，有时甚至先封官再招兵，或者以某个项目的销售额来决定升迁。

在此期间，任正非忽视了这些晋升为管理层的骨干其实对管理并不在行，且根本没有带兵打仗的经验。因此，在企业的实际运营方面，由于缺乏科学合理的业务流程，上级对于下级的创新和设想，往往依赖自己固有的经验来判断并取舍。如果超出了个人的既有经验，为避免风险，最有可能的选择就是"流产"。由此导致许多员工离职。

一些中层干部为了自己的利益，有意不向上级反映真实情况，有时甚至压制基层员工。比如，拒不上报一些优秀员工的业绩，对一些有创意的想法进行打压、扼杀等。有的员工不甘于被埋没，不得不越级汇报，以展示自己的才华。也有一些员工会利用这种混乱状况投机取巧，通过积极向直接领导汇报思想、工作而赢得好感，在并没有实际工作能力的情况下得到晋升。

以至于华为在规模化、制度化之前，曾经有很长一段时间，尽管销售额在逐年提升，但管理上混乱不堪。上级粗暴管理、下级越级反映成为常态，很多员工的积极性因此受到打击。

任正非也为此头痛不已。1995年是华为由小变大、突飞猛进的一年，这一年销售额高达14亿元，已拥有800名员工。为了解决公司管理上的顽疾，华为在这一年做了两件大事：第一，推行ISO—9001标准，使业务流程规范化；第二，设计工资分配方案。这两件大事又分别涉及管理范畴中的流程管理和人力资源管理。

但任正非为此殚精竭虑的结果是收效甚微。

通过推行ISO—9001，原有的40个业务流程简化为18个，并从中提炼出4个基本流程，从而使公司经营系统各项工作的配合和制约关系更加清晰。但凡事并不如想象中的那样美好。流程重整的弊端也暴露出来了。那就是，整改后的各个部门和岗位的责权利一时半会难以定位。

工资体系改革方面所遇到的问题也很棘手。既然各部门各岗位的责权利确定不下来，具体人员的工资标准也就找不到依据。到底是依业绩、职位、工作能力，还是看学历、资历？整改小组花了半年多的时间设计出一套方案，但往具体人员身上一套，又发现根本对不上。由于管理者对评价业绩、能力、职位所依据的评定标准制定得并不是很清楚，这种试图通过工资杠杆来调动员工积极性的模式很难推行。

眼看问题一直得不到解决，任正非心急如焚。他越着急，就越容易对下级权力过度干预，有时候干脆越俎代庖，亲力亲为，经常不计后果地大搞"一言堂"。1998年底，华为在江西九江的传输产品出现了重大问题。按理说，华为应该立即把这批有问题的产品更换回来，结果任正非却指示说："不能换，换回来研发就不会感到痛，我们就要让他们痛一痛。"这种"一言堂"的行为导致华为付出了巨额赔偿。

更为严重的是，随着华为在中国通信市场逐渐占据一席之地，公司上下产生了一种小富即安、不思进取和盲目乐观的心态。员工开始以自我为中心，不再关注客户的需求。任正非在回顾这段时期时，写道：

> 在90年代后期，公司摆脱困境后，自我价值开始膨胀，曾以自我为中心过。我们那时常常对客户说，他们应该做什么，不该做什么……我们有什么好东西，你们应该怎么用。例如，在NGN项目的推介过程中，我们曾以自己的技术路标，反复去说服运营商，而听不进运营商的需求，最后导致在中国选型时，我们被淘汰出局，连一次试验机会都不给。历经千难万苦，我们请求以坂田的基地为试验局的要求，都苦苦得不到批准。我们知道我们错了，我们从自我批判中整改，大力倡导"从泥坑中爬起来的人就是圣人"的自我批判文化。

为此在1996年，任正非先后发表了两次重要讲话：《反骄破满，在思想上艰苦奋斗》《再论反骄破满，在思想上艰苦奋斗》。他说：

　　繁荣的背后都充满着危机。这个危机不是繁荣本身的必然特性，而是处在繁荣包围中的人的意识。艰苦奋斗必然带来繁荣，繁荣以后不再艰苦奋斗，必然丢失繁荣。"千古兴亡多少事，悠悠，不尽长江滚滚流。"历史是一面镜子，它给了我们多么深刻的启示。忘却过去的艰苦奋斗，就意味着背弃了华为文化。

　　世上我最佩服的是蜘蛛，不管狂风暴雨，不管网破多少次，它仍孜孜不倦地用它纤细的丝来织补。数千年来没有人去赞美蜘蛛，它们仍然勤奋，不屈不挠，生生不息。我最欣赏的是蜜蜂，由于它给人们蜂蜜，尽管它螫人，人们仍对它赞不绝口。不管人们如何称赞，蜜蜂仍孜孜不倦地酿蜜，天天埋头苦干，并不因赞美而产蜜少一些。胜不骄，败不馁的品德从它们身上完全反射出来。在荣誉与失败面前，平静得像一湖水，这就是华为应具有的心胸与内涵。

　　"起家靠产品，壮大靠制度。""小企业靠老板，中企业靠制度，大企业靠文化。"然而那时的华为除了老板，制度与文化都尚未建立。任正非越来越感到管理的重要。他发现，任何公司若要做大做强，管理第一，技术第二。因为没有一流的管理，再领先的技术都会退化，难以产生效益，甚至还会造成浪费。而有了一流的管理，即便是二流的技术也能小有成就。

　　他开始酝酿一场彻头彻尾的管理变革。

没有《基本法》，华为会崩溃

在巨大的管理危机面前，任正非深知：华为要想活下去，必须注入企业文化。

1995 年 9 月，他在华为开展了一场以"华为兴亡，我的责任"为主题的管理大讨论。但在大讨论中任正非发现：不要说基层员工，甚至华为大多数的中高层管理人员，对他提出来的许多管理思想都不是十分理解。在大讨论时，任正非还制定了 14 条《华为人行为准则（暂行稿）》，但是并没有引起什么反响，反而被认为虚无缥缈，没有任何实际意义。

任正非为此愁眉不展。如何建立起企业文化，并将其植入员工的血液之中呢？在一次会议上，任正非兴致勃勃地提出，"华为要有自己的基本法"！收到老板的指令后，华为内部员工开启了基本法的起草工作，但当时谁也不知道所谓的《华为基本法》到底是什么。在茫然的摸索之后，他们起草了一稿，但任正非没有看完就否决了。

1996 年 1 月，华为的员工人数迅猛增长，从上一年的 800 人涨到了 1200 人，管理日益困难。任正非决定把《基本法》定位为华为的管理大纲。

但由谁来负责该项目呢？任正非心中还没有合适的人选。

恰逢中国人民大学的几位教授来华为做培训。这时华为正忙着发年终奖，但是任正非搞不清楚市场人员的绩效如何确定，又担心办事处提交的分配方案不靠谱。他就想到了邀请人大教授进行管理咨询，打造一套合理的营销绩效考核体系。

在向人大教授咨询的过程中，任正非突然想到，为何不干脆让人大教授也帮忙打造华为的企业文化呢？

就这样，任正非确定了人选，《基本法》正式进入起草阶段。这是一件史无前例的事情，当时在国内还没有企业注意到建立企业文化的重要性。即便教授们知识渊博、经验丰富，接到这个任务时，还是犯了难。他们与当初起草基本法的华为内部员工一样，陷入了无限迷茫之中。他们不知道什么是《基本法》，也不知道该如何写《基本法》。他们没有可以借鉴的文献资料，也没有可借鉴的企业案例。

在经历了多日的唇枪舌箭之后，人大教授专家组终于确定了《基本法》的主旨：华为凭什么成功？支撑华为成功的关键要素是什么？华为要取得更大的成功还需要哪些成功要素？

随后，他们便进入了查资料、访谈、调研的过程。任正非对《基本法》极为重视，无论多忙，他都会抽出时间与专家组长谈。1996 年3 月，他与专家组连续谈了三天，从家世、童年、求学聊到参军、退役，再到创办华为以及华为的成长历程。任正非办公室位于专家组办公室的隔壁，每次他有什么新想法，就会冲进隔壁办公室聊上一聊。每次稿子一出，他都会跑去与专家组长谈；每次开会结束前，任正非都会问一句："人大教授有什么意见？"[1]

任正非对《基本法》的重视，从 1996 年 6 月 30 日的讲话《再论反骄破满，在思想上艰苦奋斗》中也有迹可循。他说：

---

[1] 吴春波：《华为没有秘密 .2》，中信出版社 2018 年版

我们正在进行《基本法》的起草工作，《基本法》是华为公司在宏观上引导企业中长期发展的纲领性文件，是华为公司全体员工的心理契约。要提升每一个华为人的胸怀和境界，提升对大事业和目标的追求。每个员工都要投入到《基本法》的起草与研讨中来，群策群力，达成共识，为华为的成长做出共同的承诺，达成公约，以指导未来的行动，使每一个有智慧、有热情的员工，能朝着共同的宏伟目标努力奋斗，使《基本法》融于每一个华为人的行为与习惯中。

在起草《基本法》期间，任正非还要求华为干部每个周日到公司学习讨论，不得缺席。1997 年，他甚至给每一个华为员工布置了春节作业，让他们在过好春节的同时认真学习《基本法》草案。

从 1996 年 3 月起，经过整整三年的讨论、八易其稿之后，一部完备的《华为基本法》终于诞生了。整个《基本法》涉及价值观念、基本目标、公司的成长、价值的分配、经营的重心、研究与开发、市场营销、生产方式、基本原则、组织结构、高层管理组织、管理准则、义务和权利、控制方针、保证体系、预算控制、成本控制、业务流程、项目管理、审计制度、事业部控制、危机管理、修订法……涵盖了公司管理的方方面面。

"没有《基本法》，华为会崩溃。"[1]《基本法》问世后，任正非用一句话道出了它的重要性。在他看来，《华为基本法》不仅标志着华为个人经验主义的终结，也为华为的第二次创业提供了方向。他说：

华为走过的 10 年是曲折崎岖的 10 年，教训多于经验，在失

---

[1] 吴春波：《华为没有秘密 .2》，中信出版社 2018 年版

败中探寻到前进的微光，不屈不挠地、艰难困苦地走过了第一次创业的历史阶段。这些宝贵的失败教训与不可以完全放大的经验，都是第二次创业宝贵的精神食粮。当我们第二次创业，走向规模化经营的时候，面对的是国际强手。他们也有许多十分宝贵的经营思想与理论，可以供我们学习参考。如何将我们10年宝贵而痛苦的积累与探索，在吸收业界最佳的思想与方法后，再提升一步，成为指导我们前进的理论，以避免陷入经验主义，这是我们制定"公司基本法"的基本立场。

从某种意义上讲，这部文稿的成形和完善的过程，其实就是任正非的个人思维转化为组织思维的过程。比如在《华为基本法》中，任正非对华为的"经营模式"做出如下充满"杀气"的总结："我们的经营模式是，抓住机遇，靠研究开发的高投入获得产品技术和性能价格比的领先优势，通过大规模的席卷式的市场营销，在最短的时间里形成正反馈的良性循环，充分获取超额利润。不断优化成熟产品，驾驭市场上的价格竞争，扩大和巩固在战略市场上的主导地位。"他对利润的理解也跃然纸上："我们将按照我们的事业可持续成长的要求，设立每个时期的合理利润率和利润目标，而不是单纯追求利润最大化。"

作为一家公司，华为得到了成长；作为一个创业者，任正非也得到了成长。他不仅将个人使命感和责任感转化为企业的核心价值观，还完成了对企业未来发展的系统性思考。对于中国小作坊如何向世界级企业演变，他的思想逐渐从混沌变得清晰起来。

削足适履，穿上"美国鞋"

任正非还有一句与"没有《基本法》，华为会崩溃"句式几近相同的话："没有IBM，就没有华为的国际化。"为什么他会得出这个结论？IBM到底给华为带来了什么？

故事还得从1993年说起。

从1993年起，勤奋好学的任正非已经开始"周游各国，拜师学艺"了。到了1995年，他先后带人参观考察了阿尔卡特、西门子、富士通、松下、NEC和上海贝尔这六家大企业，亲眼目睹了世界一流的研发模式、管理体系以及全球顶尖的生产流水线。

在德国考察西门子时，他看到：生产线上每张电路板的焊点，都有质检员用专门的放大仪器从六个不同角度进行检验；在每道工序上，都有数百名工人在一丝不苟地重复着同一个动作，丝毫没有偷工减料。他对这种毫不懈怠、精益求精的工作精神感慨万分。他感到：与德国人相比，中国人缺乏雄心壮志，过于自由散漫。并且从心底瞧不起这种日复一日、周而复始的枯燥工作，也不愿意接受规章制度和流程的约束。中国人的内心深处，一直缺少"严谨"二字。就像华为出现的数十亿的废品事故，也没能从根本上触击华为人的灵魂。即便是一个细小的质量问题，从研发到供应、从生产到质检，没有一个人敢出来承担责任。甚至每个人都能找出一千个、一万个理由来推卸责任。

不仅如此，国外的管理体系、研发模式等都让他震撼不已。在回国后的一次总裁办公会议上，他忧心忡忡地说："我们当时就像一只蚂蚁，站在大象脚下，在叫喊要长得与它一样高，真是谈何容易。"

而在 1995 年中期参观上海贝尔时，郑宝用发现这家公司尽管与华为一样，都是成立不到 10 年的公司，但在引进 MRPII 系统进行管理后，很快实现了与国际接轨。回到公司后，他立即提出引进 MRPII 建立起一整套规范的业务流程和管理体系。对此，任正非给予了极大的支持。在经过半年考察之后，华为于 1995 年底投资 1000 万元，从美国 Oracle 公司引进包括采购、制造、财务等 14 个模块在内的 ERP 系统，后来又从德国 SAP 公司引进了当时全球最先进的一套企业管理系统。

然而，事情并不如想象的那样美好。1997 年，当这套管理系统终于搭建起来后，大家才发现其中存在的问题：各个模块之间不仅自相矛盾，无法兼容，而且还把华为原有的一套勉强能用的生产管理系统改得面目全非，最终导致这套体系全面瘫痪。原本，这套体系的瘫痪已经让任正非无比恼火，而问题出现后各个部门相互间推卸责任更是让他愤怒无比。更不要提这次引进所浪费的巨额资金，以及安装这套系统所花的整整两年的时间。

错已铸成，无法回头。痛定思痛后，这一年，任正非再次踏上了学习之旅。就在圣诞节的前一周，任正非考察了休斯、朗讯、惠普这三家世界级企业。随后，他又来到了 IBM。

与华为一样，IBM 曾经也是一个小作坊式企业，但在几十年的奋斗之后，已经成长为巨无霸。1992 年，由于机构臃肿、官僚主义盛行，IBM 错失市场良机，一度濒临死亡。CEO 郭士纳临危受命，对 IBM 进行了为期五年的变革，最终让 IBM 起死回生。一方面，他废除了臃肿庞大的"对人不对事"的官僚体制，建立了以绩效和流程标准为主导的决策机制；另一方面，他废除 IBM 已经僵化、落伍的企业文化，开始"以客户为导向"。此外，针对 IBM 市场反应迟钝的病症，他采用 IPD（集成产品开发）的研发管理模式，从流程重整和产品重整两个方面缩短产品上市时间并提高产品利润，促使 IBM 完成了由技术驱动向市场驱动的商业模式的转型。

在 IBM 整整学习了一天时间之后，任正非更加深刻地认识到华为的缺陷所在，也深刻意识到华为要成为世界一流企业，管理必须规范化、职业化、国际化。

参观完成后，任正非与华为一行人并没有着急回国，而是窝在硅谷的一家小旅馆里，整整开了三天的会，商讨访问 IBM 的心得。在一次次激烈辩论之后，关于"向 IBM 学习，对华为进行一场彻头彻尾的变革"的决定在小旅馆中诞生了。任正非说：

> 我们只有认真向这些大公司学习，才会使自己少走弯路，少交学费。IBM 是付出数十亿美元直接代价总结出来的，他们经历的痛苦是人类的宝贵财富。[1]

拜师 IBM 不是一件便宜的事情，IBM 预测需要耗费 20 亿元人民币，相当于华为当时一年多的利润。但任正非并没有因此皱一下眉头。在与 IBM 会谈时，他没有做任何还价的举措，而是当场拍板：丁！

1998 年 8 月 29 日，五十多位 IBM 顾问正式进驻华为。花了近一个月时间的调研，顾问们对华为的管理现状做出了彻彻底底的诊断。9 月 20 日华为召开诊断报告会，IBM 顾问站在台上，抛出了他们连日来的十大诊断结果：（1）缺乏准确、前瞻的客户需求关注，反复做无用功，

---

[1] 蓝血研究杨少龙专栏，任正非 40 亿师从 IBM 不为人知的故事：因为一字当场拍板，http://news.ifeng.com/a/20180202/55704380_0.shtml

浪费资源，造成高成本；（2）没有跨部门的结构化流程，各部门都有自己的流程，但部门流程之间是靠人工衔接，运作过程被割裂；（3）组织上存在本位主义，部门墙高耸，各自为政，造成内耗；（4）专业技能不足，作业不规范，依赖英雄，这些英雄的成功难以复制；（5）项目计划无效，项目实施混乱，无变更控制，版本泛滥……

顾问们说出的每一条，都让坐在台下的任正非与数十位副总深感痛心。说到第六条，任正非做手势喊了暂停，并打电话叫来了公司其他副总以及总监级干部。当天由于会场无法容纳太多人，高管们就在空地上席地而坐，聆听了顾问们犀利的诊断。

伴随着IBM专家的把脉，华为引入了IBM的IPD和ISC（供应链管理）管理体系。IPD主要适用于研发管理，其核心是以满足客户需求为导向，强调产品创新一定是围绕市场需求和竞争力的创新。基于这一理念，研发部门不再拥有独立的产品决策权，而是由研发、市场、财务、采购、用户服务、生产等各部门有经验的代表联合组成IPMT（产品开发团队），主要职责就是根据客户需求来确定研发方向，并对研发进行全程监控与推进。ISC主要适用于从接到订单、元件采购、单件生产、组装到成品出厂等生产管理过程。比如，工作人员将订单所需要的产品型号输入计算机，系统会自动选好配料，通过自动供应系统发送到生产线，进入生产流程。

在变革推广阶段，IBM顾问发现华为存在一些导致效率低下的致命环节。比如，以往像电路板设计、非核心软件等全套产品都是由华为自己来做，这些华为并不擅长的技术会延长研发时间，推迟产品的上市时间。因此IBM顾问建议，华为主要的核心技术由自己开发，自己不擅长的技术可以通过外包方式来节约研发时间。基于这种理念，在研发立项之际，华为便根据自身的优劣势条件进行正确的诊断、评估与剖析，最终制定出哪些由自己做、哪些需要外包、哪些直接购买专利的优化方案，其判断标准就是用最短时间来满足市场需求，以实现快速赢利。在这种以市场为导向的管理模式下，华为捷报频传，赢得了一个又一个的市场攻坚战的胜利。

为了配合这场管理变革，1999 年 4 月 17 日华为召开了一次动员大会。会上，任正非强调华为要削足适履，穿上"美国鞋"。他说：

> 我们有幸能找到一个很好的老师，这就是 IBM。华为公司的最低纲领应该是要活下去，那么最高纲领应该是超过 IBM。

这场主题为"管理与国际接轨"的全盘西化的管理变革持续了十多年。2008 年，华为又引进 IFS 和 CRM，这意味着华为用了整整 10 年时间，在研发、供应链、财务和客户关系四大核心领域完成了彻头彻尾的西式管理变革。从此，华为告别了以往那种中国企业版的只有营销机构做市场的模式，而代之以建立"以客户为中心"的企业运作流程。

这场变革所消耗的巨额资金和所花费的时间，足以证明任正非对这场变革的期待以及信心和耐心。最终，他达到了让华为脱胎换骨目的。这才有了那句话："没有 IBM，就没有华为的国际化。"

没有新陈代谢，组织生命就会终止

任正非深知，要改变旧的管理模式，就必须清除旧管理模式的实施者，否则，新的管理模式将无法推行。为了促使变革成功，在 IBM 进驻华为前后，任正非痛定思痛，掀起了一系列轰轰烈烈的运动。

1996 年春节之前，华为市场部人员收到了一个震惊不已的通知：所有人都要向公司提交两份报告，一份是述职报告，一份是辞职报告，公司将根据每个人的述职情况任批一份报告。这就是所谓的市场部大辞职运动，时间长达一个月。

这段时间，任正非经常挂在嘴边的一个词是"铲除沉淀层"。在他看来，一个组织存在的时间长了，在收益不错的情况下，一旦地位稳固，人就容易沉淀下去，成为拿高工资不干活的人。尤其可怕的是，干部队伍出现拉山头现象，这对于依赖市场生存的企业来说，是致命的。为了激发华为上下的活力，保持旺盛的战斗力，他不得不将这些"沉淀层"打入"冷宫"，甚至逼迫他们自己辞职。

正如任正非所预料，打江山的人不一定适合坐江山。经过公开竞聘上岗和公司考评筛选后，被淘汰的人员中有 30% 的是元老，其中包括市场部总裁毛生江。随后涌现出来的徐直军、胡厚崑、王诚、邓涛等一大批带队干部，均是善于策划并精通管理的市场精英。在这场运动中，他们提出了"烧不死的鸟是凤凰"的口号，并先后写下了《别说我不在乎》《责任重于泰山》《别了，猛张飞》等文章，标志着华为在对以往营销方式和思想意识进行反思与否定，标志着华为开始进入从"土八路"向"正规军"转型的新的历史时期。2000 年在"纪念市场部集体大辞职四周年颁奖典礼"上，任正非回忆四年前的那场群众运动时，说道：

> 任何一个民族、任何一个组织，只要没有新陈代谢，生命就会停止。如果我们顾全每位功臣的历史，那么就会葬送公司的前途。如果没有市场部集体大辞职所带来的对华为公司文化的影响，任何先进的管理、先进的体系在华为都无法生根。

从某种意义上讲，市场部大辞职是任正非进行管理改革的必然选择，如果没有市场部的集体辞职，就不会有后来引入 IBM 管理体系后的胜利果实。但是单纯依靠"市场部大辞职"是不够的，华为需要持续的运动来维持改革的顺利进行。

1997 年华为召开清产核资动员大会，目的也是为了华为队伍的新陈代谢。任正非说，唯有奋斗才有出路，并且对那些不称职的人绝不心慈手软，足以见得他军人"铁血"的一面。他说：

> 我们提倡能上能下。在实践活动的大浪淘沙中，我们要把确有作为的同志放在岗位上来，不管他的资历深浅；我们要把有希望的干部转入培训，以便能担负起更大的重任。同时我们也坚定不移地淘汰不称职者。为了保护高效益，我们绝不心软、手软。一切希望进步的同志，唯有奋斗一条出路。

在任正非看来，整改干部的宗旨让是要让公司活下去。为了让公司活下去，他绝不会姑息养奸，华为的运动也不会停止。

1998 年，华为展开了"产品开发反幼稚"运动。1999 年，他在《自我批判和反幼稚是公司持之以恒的方针》中说道：

> 公司是一定要铲除沉淀层，铲除不负责任的人，一定要整饬吏治。对于一个不负责任而且在岗的人，一定要把他的正职拿掉，等到有新的正职来时，副职也不让他干。对于长期在岗位上不负责任的人，可以立即辞退。若不辞退，整个队伍还有什么希望呢？若不能认识到这个问题，你就不会有希望。没有一个好的干部队伍，一个企业肯定会死亡。

2001 年，任正非发动了一场"内部创业"风潮。其实，从 1998 年底开始，每年都会有一部分人被鼓励出去创办企业。具体办法为：华为将员工在公司的股份折算为产品给创业者售卖，实现的货款归创业者所有。从 1998 年底到 2000 年，华为鼓励员工成立以机械、印刷、文印、邮递、食堂、小卖店为主要项目的公司，服务于华为。2000 年到 2002 年，华为鼓励员工围绕销售代理，或围绕市场营销、工程服务组建公司，代理华为的产品，或为华为提供设备、工厂安装等服务。

这场运动，与其说是内部创业，不如说是任正非在以一种不激烈的方式给老员工找出路，劝其"让位"。

2007 年，华为又上演了一出 7000 人的"辞职门"事件。公司要求所有在华为工作了 8 年以上的员工，必须在 2008 年元旦之前，主动办理辞职手续。辞职后再通过竞聘上岗，合格者重新跟华为签署 1 ～ 3 年的劳动合同。对于那些辞职后不再签署协议且有内部股份的员工，公司将按股价给员工兑现成现金。

这是企业要盈利的压力下使然。商海如逆水行舟，不进则退。在商界，大鱼吃小鱼、快鱼吃慢鱼早已不是新鲜事，只有谙熟并悟透商业的内在运行逻辑，并时刻做到居安思危的人，才能在商战中运筹帷幄，立于不败之地。在华为，任正非采取发动"群众运动"的方式随时给干部队伍补充新鲜血液，以与时俱进的思维模式和行动方式来适应变化的市场。

如果说，一次辞职造成的业界内外的震荡足以给发起者以足够大的压力，那么能承受多次辞职造成的震荡所带来的压力的人，其领导魄力和权威可见一斑。在这样的人领导之下，团队的战斗力无疑是可怕的。由此可见，华为的后来居上并不是无缘无故的，而是早有准备。

建立"狼性"组织机制

早在 1994 年以前，华为还是一家"无背景""无产品""无技术"的贸易公司。那时的华为同数万家中小民营企业一样，在市场底层苦苦挣扎。尽管任正非时常以建"世界级企业"的理想去感召他的部下，但因为公司还没有形成核心竞争力，这样的理想就如同空中楼阁。如果检索一下那段时间任正非在公司内部的讲话和公司的全部文献，发现更多见的是"狼性文化""呼唤英雄"等带有浓厚的草莽色彩的字眼。

从企业的核心领导层的人员构成来看，同样也不符合高科技企业对管理的要求。任正非毕业于重庆建筑学院，虽然喜欢搞点技术革新和研发，但毕竟是通讯专业的门外汉。二把手孙亚芳虽然有海外留学背景，也懂一些管理方面的知识，但她所学的电子专业，与通讯专业也还有些区别。其他的高管，比如郑宝用、李一男学的是光电专业，相对于通讯专业来说，只能算半个"门内汉"。而徐直军、郭平、胡厚昆、徐文伟、洪天峰等都是从事研发工作的，并没有管理经验。

华为的草创时期，是在一群没有任何大型高科技企业管理经验的外行的领导下，"摸着石头过河"。正是凭借"土狼"精神，他们才带领华为迂回曲折地走过了早期艰难的发展历程。

在华为人因成功而洋洋自得之前，任正非希望建立一个狼性组织机制，将"狼文化"传承下去。如此一来，即便是老狼退伍，也还有新狼涌现。1997 年，在《建立一个企业生存和发展的组织和机制》一文中，任正非首次提出适合"狼"的生存和发展的组织机制。他说：

> 因为人类社会日新月异，我还不清楚未来的世界还会有什么样的变化。对于我来说，就是要建立一个适合狼生存的组织构架和机制，即使第一代狼不行了，第二代狼又出来了。

在任正非看来，狼有灵敏的嗅觉，也有极强的进攻性，他们崇尚合作，群体作战，前赴后继，不怕牺牲，正是这些保证了华为在新产品技术研究上保持领先。他举例说：信息潮流的领头人比尔·盖茨是一匹小狼，一匹在白茫茫一无所有的北极圈里发现了一堆食物的小狼。当他发现食物后，所有的狼都跟着他享受着成果。

在《华为的红旗能打多久》中，任正非对这种"狼文化"的特征做出了总结：

> 企业就是要发展一批狼。狼有三大特性：一是敏锐的嗅觉；二是不屈不挠、奋不顾身的进攻精神；三是群体奋斗。企业要扩张，必须要有这三种要素。所以要构筑一个宽松的环境，让大家努力去奋斗。在新机会点出来时，自然会有一批领袖站出来去夺取市场先机。

但这种依靠金钱刺激发动群体一哄而上抢占山头的模式，从长远来看，在让企业产生收益的同时，也存在一定的缺陷。

早期，华为先后任用了以郑宝用、李一男为核心的研发团队。这支年轻的研发团队具有敢想敢为、嗅觉敏锐、才智与胆略超常的特点，能够集中火力在短时间内开发出较高水准的通信产品来参与国际竞争。

但他们也存在致命的弱点，就是始终没有形成一个明确而又严谨的研发规划，也缺乏对客户需求的深度理解。

当时，他们是看到市场上哪一款产品卖得火，就迅速组织起"狼性"研发队伍，不惜一切代价，昼夜奋战，最终研发出能够将国外电信巨头的同类产品取而代之的产品。这种以结果为导向的研发模式，必然造成研发成本的增加。

而且，由于缺乏技术沉淀，研发出来的产品缺乏稳定性和可靠性，大量不成熟的产品推向市场后问题不断，返修率增高，甚至还因此瓦解了辛辛苦苦建立起来的客户对华为的信任。1994年，华为交换机用户板因为设计不合理，不得不耗费5亿元对全网100多万块用户板进行整改。1995年VPN系统由于没有考虑逃生设计，局部故障导致系统中断，客户无法使用而退回了20多万块电路板，又造成十几亿元的损失。

此外，还有一些"狼性"的销售人员为了提升销售业绩，对客户提出的要求无原则地做出承诺。在不具备充分的研发能力和研发条件的情况下，签订合同后，一面逼迫研发部门变更设计，一面逼迫生产部门缩减工期。设计被改来改去，不仅成本无法确定，产品质量也无法保证。当市场频频出现设备质量事故后，大量服务人员在国内飞来飞去地抢修设备，利润都花在机票和酒店费用上了。有时候，抢修的不外乎设计上的一个疏漏或是生产过程中一个马虎的焊点。正是这些小小的错误，使华为付出了一千倍、一万倍的代价。

1995年7月，时任国务委员宋健视察华为的时候，曾问任正非创建华为以来最大的收获是什么？任正非痛心疾首地说："浪费较大，包括几个亿用于培训，几个亿报废了。"当时宋健安慰他：华为还很年轻，需要继续加倍努力。而任正非却痛苦地回应道："年轻不是我们原谅自己的理由，微软同样年轻，为什么人家做得好而我们做不到？"

在经历了无数触目惊心的浪费现象和质量事故后，任正非在内部会议上曾做出了这样的反思："中国五千年来就没有产生过像美国IBM、朗讯、惠普、微软等这样的大企业。因此中国的管理体系和管理规则以及适应这种管理的人才的心理素质和技术素质，都不足以支撑中国产生一个大产业。我们只有靠自己进步，否则一点希望都没有了，这种摸着石头过河的方法的艰难与痛苦可想而知。"

金钱上的损失尚可弥补，但如果将"狼文化"扯上生命呢？2006年，华为员工胡新宇猝死的消息登上了各大媒体的头条。胡新宇是华为研发部的一名员工，为了准备一个封闭研发的重点项目，他在一个月时间里，只回家了四次，每天加班到凌晨三点，睡在实验室的床垫上。一日，他突感身体不适，在医院昏迷10多天后离世。

尽管胡新宇是因脑膜炎去世，无法确定与加班之间的关系，但"胡新宇"事件发生后，外界对于华为的"床垫文化""狼文化"开始了大肆批判且深恶痛绝。自那以后，任正非就不再提起狼文化，并尽力与之撇清关系，但提及"狼文化"，人们还是情不自禁地联想到华为。

在带领华为从小作坊走向国际化大企业的过程中，任正非一天也没有停止过对小作坊先天存在的弊端和缺陷的探索。他开始把"狼文化"的提法改成为"狼狈组织"。在2008年《逐步加深理解"以客户为中心，以奋斗者为本"的企业文化》一文中，总结道：

> 我们没有提出过"狼文化"。我们最早提出的是一个"狼狈组织计划"，是针对办事处的组织建设的，是从狼与狈的生理行为归纳出来的。狼有敏锐的嗅觉、团队合作的精神，以及不屈不挠的坚持。而狈非常聪明，因为个子小，前腿短，在进攻时是不能独立作战的，因而它跳跃时是抱紧狼的后部，一起跳跃。就像舵一样操控狼的进攻方向。狈很聪明，很有策划能力，还很细心，

它就是市场的后台方向，帮助做标书、网规、行政服务……。狼与狈是对立统一的案例，单提"狼文化"，也许会曲解了狼狈的合作精神。而且不要一提这种合作精神，就理解为加班加点，拼大力，出苦命。那样做太笨，不聪明，怎么可以与狼狈相比。

如今，华为仍然对外界避讳"狼性"这个字眼。但华为不反对提倡"奋斗文化""艰苦文化"，因为这是华为早期赖以成功的根本原因。从某种角度上来说，"狼性文化"与"床垫文化""艰苦文化""奋斗文化"是一脉相承的。

第四章

开放是我们的唯一出路

企业在发展的不同阶段面临着不同的考验。当华为在通信领域不断壮大之后，它与竞争对手之间的竞争也愈发激烈，市场空间也愈来愈小。危机感极强的任正非决定带领华为从中国走向世界，而走出国门其实是又一个巨大考验的开始。

国际化肇始：香港之行

国际化其实是任正非的被动选择。当电信行业狼烟四起、外资巨头蚕食中国市场之际，资金和技术薄弱的华为如果不知道向国外市场进击，以扩大生存空间，必然在家门口被外资巨头剿杀。

国际化也是任正非的主动选择。从起步之时，任正非就树立了国际化的意识。因为电信行业是个技术密集的高科技行业，必须走出国门，才能学到顶尖级技术，才能生存下去。

早在1994年，当华为自主研发的数字程控交换机投入市场的时候，从销售额和利润率的下滑趋势，任正非就开始担忧未来在中国市场将面临的激烈竞争，以及开拓国际市场的重要意义。当程控交换机在中国大地出现井喷状态的时候，任正非突然间就产生了忧患意识："如果中国的交换机市场饱和了，华为吃什么？"

果然，正是在这一年，中国通信市场的竞争格局发生了巨变。一方面，国际市场的萎缩直接威胁到中国企业在国际市场的拓展；另一方面，由于国际市场需求紧缩，导致国际通信设备巨头把刚起步的中国市场作为其攫取的目标，以弥补它们的颓势。这使得国内企业纷纷惊呼"狼来了"，竞争压力也随之激增。

更让任正非遗憾的是在90年代的中国，人们根深蒂固地觉得民族企业的产品就等同于"劣质产品"。

一次，任正非签完合同后，与电信局领导谈起对于华为未来的展望，正说到尽兴处，该领导显得很不耐烦，不留情面地打断道："行了，你要是那么厉害，怎么不卖到国外去？"任正非一时不知道该如何回答，但他在心里暗暗发誓一定要走出国门。

为此，在1996年，当华为市场部集体大辞职"运动"结束后，任正非就任命当时的山东办事处主任李利为海外市场部总监，开始筹划国际市场的拓展事宜。

开拓国际市场的想法固然很好，但要实现却很难。那时候的华为作为电信行业的新兵，除了参加过北京和日内瓦两次规模不大的国际电信展外，并没有跟国际市场打交道的经验和人脉，对于如何打入国际市场几乎是一片茫然。在此背景下，任正非深知华为进军国际市场将困难重重。他曾说：

> 我们的游击作风还未褪尽，而国际化的管理风格尚未建立，员工的职业化水平也很低，我们还完全不具备在国际市场上驰骋的能力，我们的帆船一驶出大洋，就发现了问题……我们总不能等待没有问题再去进攻，而是要在海外市场的搏击中，熟悉市场，赢得市场，培养和造就干部队伍。若三至五年之内建立不起国际化的队伍，那么中国市场一旦饱和，我们将坐以待毙。

善于把握时代前进的步伐，顺势而为的任正非提出了一个非常关键的思路，就是"跟着国家的外交路线拓展国际市场"。具体来说，就是沿着新时期我国外交战略中的三个重要内容来布局跨国营销：与世界大国建立战略伙伴关系；巩固和发展同周边国家友好合作关系；加强与广大发展中国家的传统友好关系。

他的这一思路的逻辑是，中国奉行"和平共处五项原则"的外交政策，已经从一个弱小国家变得知名起来，并且赢得了大多数国家的好感，与众多的发展中国家建立了良好的外交关系。任正非认为，这对于华为开拓国际市场无疑是最大的利好。因为商业背景离不开政治背景，企业行为的背后离不开政府的支持。随着改革开放的深入，中国的外交路线逐渐以经济建设为主导，有了这样的政治经济大背景，如果不开拓国际市场真是太可惜了。中国企业进军国际市场，在为经济外交做贡献的同时，可以优先获得政府的好印象，进而优先获得银行在贷款等方面的支持。为此，任正非对外公开表示：

中国的外交路线是成功地在世界赢得了更多的朋友……华为的跨国营销是跟着我国外交路线走的，相信也能成功。

1996 年，香港回归祖国前夕，任正非考虑将香港作为进军国际市场的开始。而进军香港自然绕不过有着"商业之王"美誉的李嘉诚。当时，独霸香港第一大电信运营商地位长达 70 年的企业是香港电讯，第二大电信运营商则是和记电讯，它们都与李嘉诚有着千丝万缕的关系，前者为李嘉诚儿子李泽楷的公司，后者为李嘉诚长江实业旗下的公司。

过去，香港公司一直倾向于与国外企业合作。但在香港回归之际，香港决定改变一家独大的通信行业格局，和记电讯趁机拿下了一张牌照，且必须在 3 个月内完成一个斥资 3600 万美元的综合性商业网。该商业网覆盖互联网、数据通信和接入业务等方面，通过香港电信局验收后，和记电讯才能获得经营许可证。

由于时间紧任务重，原本合作的西门子、阿尔卡特等企业纷纷坐地起价，且无法保证在 3 个月内完成。情急之下，李嘉诚把目光转向了内地。而这一年，华为的销售额已达 26 亿元，在国内同行中已经居于领先地位。对华为进行全方位的调研之后，李嘉诚决定放手一搏，向华为抛出了橄榄枝，尽管此时他并不放心华为产品的质量。

收到李嘉诚发来的邀请函时，任正非欣喜不已。这是华为自创办以来最大的一笔订单，也是华为走向国际的第一次尝试，既然和记电讯放手一搏选择了华为，华为也必须放手一搏不辜负对方的期望。

任正非特意任命郑宝用亲自负责该项目，又命令李一男亲自带领精兵强将前往香港。这个项目对于华为来说，是一个巨大的考验。抛却时间紧急这一点不说，华为产品在香港能不能顺利过关还是一个问题。

果不其然，交换机频频出现问题。为了找出问题所在，华为人吃喝睡都在办公室，且经常加班到凌晨。最终，他们突破了困难，不负众望地在3个月内完成了项目的交付。

华为在香港打响第一炮之后，更多的客户闻讯而至。李嘉诚也被华为人的奋斗精神所打动，为华为介绍了香港电讯。2008年12月10日，华为为香港电讯建设的香港地区首个CDMA2000 1X/1xEV-DO Rev. A网络成功开通，华为终于在香港站稳了脚跟。

任正非深感欣慰，这位身材高大的中国男人在接下来的日子里继续开疆扩土。他凭借自己的远见卓识和出色的经营管理水平，带领自己的团队不断挑战困境和险境，最终使华为发展壮大，成为在中国乃至世界具有影响力的企业，在全球电信业的发展史上，写下了功勋卓著的一页。

破冰莫斯科：不顾一切地捕捉机会

1996 年，经过国内激烈的市场竞争的洗礼之后，华为在技术上和队伍上都得到了锻炼和提高。任正非决定继续扩张，主要提供以宽带交换机为核心产品的"商业网"产品。

对于年轻的华为来说，除了对中国市场熟悉以外，对全球所有的国家和客户的文化和经济环境都是陌生的。更为不利的是，由于中国对外开放的时间并不是很长，当时世界上的许多国家对中国并不了解，对中国的通信厂家更是一无所知，华为开拓国际市场的艰难可想而知。

但在任正非的战略部署中，这又是必不可少的关键环节。任正非虽然也想从发达国家开始，但发达国家早已被外资巨头攻占，华为很难攻进去。于是，他把目光转向了南斯拉夫、俄罗斯、巴西、南非、埃塞俄比亚议类经济欠发达国家，它们尚属于外资巨头公司没有看上眼不愿意投资的市场空白点。

虽然华为对这些欠发达国家也陌生无比，但为了以后能拿下欧美这样的发达国家，华为只有先从这些国家入手，摸清渠道，积累技术实力，卧薪尝胆，"曲线救国"，以便来日吃下真正的"肥肉"。外界将任正非的这种做法解释成"农村包围城市"战略。多年后，任正非在接受媒体采访时说：

从农村到城市不是我们的战略，这是媒体自己的包装宣传。最初，我们的产品达不到高标准，卖不进去发达地区。其实我们一开始就想攻进"东京"，但是进不去。这不等于我们把农村作为战略目标。如果把农村作为战略目标，即使我们把农村做好了，照样进不去东京。

不管"农村包围城市"是不是华为的战略，华为都是从欠发达国家和地区开始的。1996年俄罗斯总统叶利钦对中国进行国事访问，任正非敏锐地捕捉到这一国际关系变化中隐藏的商机，于是迅速决定将俄罗斯作为扬帆出海的第二站。

俄罗斯位于北极圈附近，冬季既寒冷又漫长。但寒冷漫长的不只是气候，还有华为的目标市场。

华为进入俄罗斯市场时，正好是我国消费类产品如玩具、羽绒服在俄罗斯大行其道的时期，当时还没有一家高科技公司打入俄罗斯。按理说，中国消费产品已经打入俄罗斯市场，其他种类的中国产品应该很容易在俄罗斯扎下根来。事实上并不是这样，原因在于中国产品的假货太多，很多厂家以次充好将产品卖到俄罗斯，让俄罗斯人民深受其害，以至于很多俄罗斯老百姓对中国产品产生了抵触情绪。

这种抵触也发生在华为身上。1996年5月，在俄罗斯举办的"第八届莫斯科国际通信展"期间，兴冲冲前往参展的华为员工处处受到冷遇。会展期间他们听说莫斯科大学的餐厅很不错，便央求一位翻译带队前往。没想到翻译竟不愿意让他们去，说了许多阻止他们去的理由，最后尽管勉强答应了，但当大巴车在餐厅门口停下，华为员工准备下车时，翻译突然用严厉的语气说道："你们乱哄哄的，喝汤发出那么大声音，被人瞧不起，别人一看就讨厌你们！"

华为员工顿时惊呆了，他们没有一个人下车，而是绕了很远的路找了一家中国餐馆草草吃了点东西。这一路，所有的人都沉默无语。

同样的尴尬也发生在任正非身上。由于身患糖尿病容易饥饿，任正非想在参观俄罗斯博物馆之前买点小食品应急，但去了几家商店，店主一听说是中国人都十分反感；甚至在红场一些繁华的商场门口都竖着一块牌子，上面写着"本店不出售中国货"，以标榜自己的商誉。

而这仅仅只是开始。尽管会展开幕后，俄罗斯相关媒体都对前来参展的华为进行了实况报道，俄罗斯邮电部部长也亲临华为展台参观并与任正非握手合影。但会展结束后，当华为驻俄罗斯办事处向俄罗斯邮电管理司申请办理设备入网手续时，却遭到了断然拒绝。任正非当时悲愤地表示：

> 我们是在背负着中国假冒伪劣商品猖獗、中国流氓在国外火拼而臭名昭著的环境下进入俄罗斯市场的，（这些恶劣影响）不知道要用多少心血和眼泪才能洗刷干净。

初入俄罗斯的这一年，华为人吃了无数个闭门羹，未做成一单生意。1997年俄罗斯遭遇金融危机后，经济陷入低谷，卢布大幅贬值，消费能力下降。在这种糟糕的市场环境下，阿尔卡特、西门子等诸多跨国公司都对俄罗斯失去了信心，纷纷有了退出的念头。

但任正非却坚持自己的观点。在他的人生字典里没有"困难"二字，只有"坚守"二字，只有"做"与"不做"的区别。为此，他从国内调来了华为的得力干将李杰，命令他破冰俄罗斯。

他还特地叮嘱李杰："如果有一天俄罗斯市场复苏了，而华为却被挡在了门外，你就从这个楼上跳下去吧。"李杰回答说："好。"后来接受采访时，李杰回忆初入俄罗斯的境遇说："有在打官司的，有在清理货物的，官员们走马灯似的在眼前晃来晃去，我不光失去了嗅觉，甚至视线也开始模糊了。于是，我不得不等待，由一匹狼变成了一头冬眠的北极熊。"

为了早日取得突破，华为招数频出，不把华为打造成响当当的享誉全球的品牌决不罢休。为了让外国客户了解自己，任正非想到一个最立竿见影且最常规的办法，就是参加国际电信展来展示自我。于是从1998年开始，华为无一例外地参加所有国际电信展，这已经成为华为的铁律并沿袭至今。

一般来说，每逢国际电信展，像爱立信、朗讯、西门子这样的欧美电信巨头，凭借领先的技术和强大的品牌优势，早已经深入人心。这些公司参展的目的不外乎推介新产品，加强在消费者心中的印象。出于某种商业上的防范心理，或担心泄露商业机密，它们对新产品的展示往往都是"点到为止"，展出的并不是最新的产品和技术，展台规模和人员配备也都非常简单。

而华为则不同，为了突出自己的实力，华为不惜血本地布置展台。不仅展台规模比电信巨头高大很多，展会上推出的都是最新的产品技术，甚至为了强化客户的印象，不惜斥巨资在价格昂贵的展厅内租赁专门场所进行设备的现场演示。

华为不顾一切的努力终于有了回报，尽管这个回报有点小。1999年，华为第一单真正国际意义的生意诞生了。那是一张金额仅仅为38美元的订单，尽管小，但它使华为实现了在国际市场上零的突破。

有了第一单之后，任正非更加不计成本地加快了海外扩张的步伐。1999年，华为在俄罗斯建立了专门的算法研究所，该研究所先后突破了移动网络的几个特殊瓶颈，通过软件打通2G、3G和4G网络，使华为成为全球第一家实现GSM多载波合并的公司。

用了整整5年时间，华为终于打开了俄罗斯的大门：2000年，华为斩获乌拉尔电信交换机和莫斯科MTS移动网络两个项目；2001

年，华为与俄罗斯国家电信部门签署上千万美元的 GSM 设备供应合同；2002 年，取得了 3797 公里的超长距离（从莫斯科到新西伯利亚）320G 的国家光传输干线（DWDM 系统）的订单；2003 年，华为在独联体国家的销售额一举超过 3 亿美元，位居当地国际大型设备供应商的前列。

非洲突围：硬着头皮往前冲

在非洲大草原上，生活着无数的狼群和无数的羊群，每一天狼和羊都在为了自己的生存而拼命奔跑。如果狼跑得不够快就会捕捉不到猎物而饿死，羊跑得不够快就会被狼吃掉。这就是残酷的弱肉强食、适者生存的丛林法则。华为就是一头每天在非洲大草原上觅食的土狼，这只土狼不仅要跑过羊群，还要跑过和他一样争夺羊群的狮子、豹子。这个形象的画面，正是华为早期在国际市场上生存状况的典型再现。

踏入俄罗斯之后，非洲成为任正非的下一征途。

相比俄罗斯，非洲的艰苦有过之而无不及。与俄罗斯的寒冷不同，非洲是酷热。高温、干旱、缺水、贫穷、沙漠、疟疾、骚乱……构成了非洲的大致环境。就是在这样的恶劣之地，任正非带领着团队开始了又一场艰苦卓绝的战斗。

"刚到非洲，面对25个国家、4.5亿人口，地盘差不多是中国两倍的一个陌生市场。没有人知道华为公司，甚至都不太了解中国，一切都要从零开始。非洲地区和印度、巴西、俄罗斯这些大国不同，国家多而分散，你不出差就死定了。1998年我基本上都是一个人频繁跨国出差，那年在肯尼亚，居然两个月没讲过汉语。几年下来，飞机坐了不知道多少趟，从波音到蜻蜓飞机，光护照就用掉了3本。"当时负责非洲市场的邓涛回忆说。

华为人去很多地方竞标，大多是信心满满而去，两手空空而归。对于在海外拓展的华为人而言，吃闭门羹是常事，遭冷眼和质疑也不是什么新鲜事儿。由于华为品牌在非洲毫无根基，华为人在非洲经常会被问："华为是什么？""中国企业能有先进的通信技术？"

在拉丁美洲的遭遇同样如此。一位在巴西工作过的员工表示："你真的难以想象他们是怎么看中国的，他们甚至以为中国人还在穿长袍马褂呢。有一次我们邀请客户来中国参观，他们出发之前到处寻找相关书籍，最后决定研读的书是《末代皇帝》。"1999 年，一位华为高管在与巴西客户见面时，被问到：中国有高速公路吗？中国有没有自己的电视机产业？其实当时，中国的经济总量已经在巴西之上。

在种种怀疑之下，华为只能硬着头皮往前冲。他们常常在客户门口等上几个小时，热到衣服全部湿透，但往往得到的只是一个"NO"的结果。

任正非深知客户不是急出来的，品牌推广是潜移默化的过程。

为了让客户了解中国，如同在其他国家的策略一样，华为不惜代价地启动了"新丝绸之路"计划，邀请潜在客户来中国考察。通过对香港、北京、上海、西安和大连等城市进行沿途参观考察，让非洲客户们了解改革开放以来中国所取得的辉煌成就。所到之处，华为精心安排客人到中国电信、中国移动和中国联通的机房里，现场勘查了解华为设备的运行状况以及通话质量，让他们现场感受华为的技术实力。

当这些非洲客户踏上投资 100 亿元人民币、占地 1.3 平方公里的华为坂田生产基地时，现代化的厂房和世界一流的生产流水线、庞大的可以抵御战争危险的数据库系统，以及与西昌卫星发射控制中心规模相当的面向全球每时每刻不间断的呼叫中心、可以同时起落 5 架直升机的产品展示大厅……华为还印刷了很多画册，取名《华为在中国》，里面不仅有中国的一些风景、建筑，还有华为产品的应用情况。

为了打破非洲客户心里中国产品低价劣质的标签，任正非坚持采取稳妥措施：向非洲客户推荐最稳定的传输设备和宽带设备。即便客户对其他产品更有意向，甚至愿意出更高的价格，任正非也丝毫不改变自己的策略。他知道，只有用最稳定的产品品质才能博得客户的认可，而不够稳定的产品一旦出了问题就会让中国产品臭名昭著。

就这样，华为开始慢慢在非洲生根。2000年10月，位于非洲博茨瓦纳的项目竣工后，因为产品先进的技术，客户甚至怀疑这是其他发达国家的技术，只是在中国加工而已。他多次震惊地问道："这真的是中国人自己的产品吗？"当听到肯定的答复后，他们竖起自己的大拇指表示赞许。

其实，开发客户对于华为人来说，只是一方面的困难；另一方面，他们还时刻面临着生命危险。在疟疾肆虐的非洲，人们常常防不胜防，染上疟疾就如感冒一般频繁。

与此同时，危及他们生命的还有战乱。2006年，在刚果首都金沙萨，由于不接受在总统选举中败落的结果，副总统本巴的卫队与总统卡比拉的卫队发生了枪战。那一晚，华为员工所在的宿舍被交战双方包围了，办事处三十多个工作人员来不及撤退全部被困。双方交火的枪声如鞭炮一样，在他们的头顶上炸响。那一夜，让他们感到既恐怖又漫长，唯恐那些亡命徒冲进来。

华为驻加纳代表处的三位年轻的非洲籍员工，在一次空难中全部遇难。华为包括任正非在内的高管，每年都有上百次的乘飞机经历，很多时候都会遭遇飞机忽上忽下、来回颠簸。复杂的工作环境令他们大多患有各种与精神高度紧张、压力巨大相关的疾病，如高血压、糖尿病、焦虑症等。

尽管如此，华为人并没有退缩，产生想要"回国"的念头。有时，即便是安全隐患严重到了客户派全副武装的警察贴身保护的地步，他们也会如期去进行设备安装、测试及维护。在华为，客户需求早已在个人安危之上。为此，任正非感叹道："谁让你做企业呢？这大概就是华为的命里造化。企业不奋斗就只有死路一条。要奋斗必然会有牺牲，但不奋斗就什么也没有。"

正是靠这种不怕牺牲的精神，华为在非洲获得了合作伙伴的信任。

2004 年，华为与沃达丰达成合作，完成肯尼亚的智能网的改造与升级工程；2006 年，华为公司获得了来自刚果（金）移动运营商绿洲 Oasis-Spr 一份超过 1 亿美元的 GSM 网络工程合同；同年，华为在毛里求斯建立了非洲第一个 3G 商用局。华为在非洲取得了阶段性的胜利。

与此同时，华为在拉丁美洲也取得了重大进展：2004 年 2 月，华为与巴西境内最大的数据和长途运营商达成合作，合同总价高达 700 万美元。

一个个捷报传来，任正非的心里稍稍觉得安慰，但他知道伴随着华为的国际化过程，是华为员工巨大的付出。就像刚果（金）代表处副代表刘康在接受媒体采访时所说：刚果基础设施薄弱，很多地方没有公路。有些项目需要安装在野外，华为工程人员需要连续开三四天车赶到野外站点开工。周围荒无人烟，他们只能带上几桶水和一些干粮充饥解渴。吃住都在车上。很多时候他们只能吃面包，如果有热水泡个泡面，再加点老干妈辣椒酱就算得上大餐了。[1]

在任正非看来，拼搏的路虽然艰苦，但苦中有乐，乐在其中。他说：

即便是我们为某个非洲国家安装通信网络设备而长途颠簸，顶着赤道的烈日，走戈壁，穿沙漠，但这种经历未必不是一种值

---

[1] 新华网，那份艰辛何堪言？——探访华为非洲之旅，http://news.sohu.com/20070717/n251110544.shtml

得津津乐道的人生体验。更不要说看到非洲小男孩，生平第一次通过我们的无线网络与外部世界通话时脸上欢快而惊奇的表情，那时我们心头洋溢着的是自豪和喜悦。

伴随着海外市场捷报频传，华为业绩也一路飙升，从2006年到2010年，华为的年销售收入从656亿元增长到1852亿元，前途无限宽广。但任正非居安思危，开始担心随着艰苦奋斗精神的衰退，海外市场将面临危机，甚至整个华为公司"三年前应该快垮了"。他分析说："因为大家有钱了，怕苦了。我们往海外派人都派不出去。大家都想在北京买房、陪小孩，都想在好地方待。"

为此，华为提出相应的对策："我们确定非洲'将军'的标准与上海、北京的标准不一样，年轻人在非洲很快就能当上'将军'。你在非洲干，就朝着这个标准，达到了就是'将军'，就可以拿'将军'的钱。现在我们外派到非洲的员工根本不想回来。"

坚守中东："业务像鸦片一样驱动着我们"

2001 年 1 月，任正非随时任国家副主席胡锦涛出访中东等国，秉承"国外市场的开拓紧跟外交路线"的原则，任正非当机立断，决定向中东市场挺进。

中东地区自然资源丰富，国家普遍比较富裕。比如华为挺进中东的第一站沙特阿拉伯就有着"石油王国"的美称。但这里一面是天堂，一面是地狱。中东地区作为连接东西方的交通枢纽，常年时局不稳，宗教冲突、军事冲突频繁。

伊拉克则是中东地区战火纷飞的国家之一。2003 年 3 月 20 日，美伊战争一触即发。就在战争即将爆发的一个多月前，在土耳其伊斯坦布尔工作的周斌、易明军等华为员工收到了总部转发的一封邮件，邮件来自伊拉克北部库尔德地区的一家移动运营商。

经过多次邮件沟通及面对面交流后，易明军了解到他们在长期封锁下，已建立起了移动网络，并通过卫星架起了与世界沟通的桥梁，但最大的困难在于网络极其拥堵，希望华为能够为其扫清障碍。

对于华为来说这是一次机会，如果成功拿下该订单，伊拉克的市场将就此打开。当时正值美军进攻伊拉克前夕，伊拉克正处于恐怖之中。为了拿下订单，易明军决定冒一次险。他的心里只有一个念头：去伊拉克。

易明军花了半个月时间，跑了5趟管理伊拉克过境事宜的政府部门，但都被拒绝。易明军心里明白，一天不过去，客户就多为网络问题头疼一天，他们对华为的疑虑也会直线上升。为了打消客户的疑虑，华为决定邀请客户从伊拉克到叙利亚，再从叙利亚乘飞机到中国参观。

访问完华为后，客户的疑虑烟消云散，心中升起的都是对华为的赞许。随后，他们联系 PUK（库尔德爱国联盟）驻当地的办事机构安排行程，邀请易明军去伊拉克洽谈。

2003 年 2 月 7 日下午，易明军踏上了伊拉克的土地。在库尔德地区，他花了一周多时间参观设计客户的网络。整个库尔德看起来一派宁静祥和，但所有人都知道战争蓄势待发，美国已日渐完成战争的部署。为了保证易明军的安全，该项目不得不暂时终止，客户安排车辆将他送到了边境。

为了把这个项目进行下去，也为了尽快为客户排忧解难，易明军想到一个法子：让客户的网络工程师以旅游者的身份在大马士革转机，然后到深圳华为总部参加培训学习。5 月，战争结束，他们也圆满结束培训，被送回了伊拉克。而在 4 月底，华为的"以客户为中心"的服务态度赢得了客户的认可。双方正式签约，并展开了合作。

5 月 12 日，易明军离开伊斯坦布尔，再次进入伊拉克。此时的伊拉克在炮火的洗礼后，已经变得一片狼藉：倒塌的房屋、漫天的灰尘、满地的废墟……轰炸也随时可能发生。但就是在这样的环境下，华为人把个人安危抛之脑后开始了施工工作。

事实上，多年来，驻扎在伊拉克的华为人随时都可能与死神面对面。一个在伊拉克工作了 9 年的华为厨师曾在 2017 年 6 月代表处年中会议上，分享了自己在伊拉克的亲身经历。他说：

"2008 年，我作为代表处的新厨师初来伊拉克，第一感受就是这里处处是战场。出机场第一眼看到的就是门口警戒区内手持 AK47 的大兵和天上巡逻的直升飞机。去办事处的路上，装甲车随处可见，时不时还能听到远处爆炸的声音。到达办事处时虽然已经是晚上 10 点，但当时萧条与艰苦的环境让我至今难忘：土建的房子，黑乎乎的地面，厨房里只有简单的两个家用炒菜的厨灶，没有其他任何工具，让我感觉是不是到了个'假'华为。

"虽然来之前就曾听说过伊拉克的环境，但真正到了这里才能体会个中滋味。当时驻地周围没有中国超市，连简单的锅具也难以买到。为了让大家吃到馒头，我和同事冒着汽车炸弹的风险去市场买来当地的大铝盆，将盆底用钢筋扎几个洞，用布把铝盆周边围起来做了一个'笼屉'。待馒头出笼的那一刹，看到兄弟们心满意足的笑容，我感觉我真的来对了，因为这里的兄弟们需要我……

"在战火纷飞的伊拉克，危险仿佛随时都会降临，有人曾经用一句话形容在伊拉克的生活，'就像把每一天都当做是人生中的最后一天来过'。这句话也许有些夸张，不过绝不是耸人听闻，2010 年 9 月，就在距办事处 100 米远的地方发生了爆炸袭击，办事处的整个办公场所都遭到了严重破坏，大家只能躲在酒店地下室。这里既是厨房也是餐厅，由于当时人多，只能分好几批用餐。那段经历让我至今难以忘怀，难忘的不仅是外面炮火给我们带来的震撼，更有同事们乐观的笑容与战火中凝聚出的友情。"[1]

不止在伊拉克，利比亚代表处的华为人同样在炮火中前进。

2011 年 2 月 16 日，利比亚战争爆发，时任华为利比亚代表处代表的夏尊亲历了这一过程。当时，他正在巴塞罗那参加世界移动通信大会（MWC）。听到战乱的消息后，2 月 20 日他从西班牙返回利比亚首都的黎波里。在阿姆斯特丹转机时，空姐反复跟他确认是否要返

---

[1]一个华为厨师在伊拉克的 9 年，http://www.sohu.com/a/162514459_178777

回利比亚。这一天晚上，代表处的 5 位高管在一起开了个会，公司决定安排员工分四批撤离，当时出席会议的所有人为最后一批撤离者。

2 月 23 日把员工送上了飞机后，他们作为最后一批坐船离开。但是海上风浪很大，船迟迟开不了。直到第二天下午 4 点起航，晚上 12 点才到马耳他避难。

可是，离开利比亚不久，客户打电话告诉他们网络断了。由于战争期间几乎每人每天都需要报平安，网络瘫痪的影响非常大。而客户是华为存在的唯一理由，战争也无法阻挡华为以客户为中心的决心。

3 月 16 日，夏尊与几位华为员工乘坐最后一班飞机回到的黎波里。回来之后，他们立马召集本地员工与客户联系，希望尽快恢复瘫痪的网络。在别人都在撤出之际，华为人还在往里冲的精神，让客户感动不已，立马与华为签了一单 200 多万美元的准护合同。

华为人又一次在炮火之中前进。尽管吃不好睡不好，每天等飞机炸完之后才敢睡觉，关在屋子里像坐牢一样，精神状态极度抑郁，但战乱结束之后，他们的热血再次沸腾，一心为业务奔走，用夏尊的话说就是："业务就跟鸦片一样驱动着我们。"[1]

一路走来，伴随着汗水、鲜血，甚至死亡，但华为守住了。正如任正非在《天道酬勤》一文中所说：

> 无论是在疾病肆虐的非洲，还是在硝烟未散的伊拉克，或者海啸灾后的印尼，以及地震后的阿尔及利亚……到处都可以看到华为人的身影。

---

[1] 田涛、夏尊：利比亚战争中，业务就跟鸦片一样驱动着我们！http://wangyukun. blog.sohu.com/310469523.html

而在坚守中东的同时，华为在亚洲也插上了旗帜。日本、韩国、中国台湾、新加坡……亚洲 4000 多万平方公里的土地上皆有华为。在新加坡举行的亚洲通信大奖颁奖典礼上，华为连续三年斩获"年度最佳供应商"荣誉；2012 年，华为在中东地区的收益达 20.8 亿美元，成为该地区信息通信市场的领军者。

华为的国际化战略取得了巨大的成功。这一切既是由于任正非这位战略奇才落子精准，也是由于众多华为人一次次背水一战。任正非与华为人都深刻明白：要生存和发展，没有灵丹妙药，唯有那些在别人眼里看起来很"土"很"傻"的办法，也就是艰苦奋斗。除此而外，别无他法。用华为董事长孙亚芳的话来说，叫做"九九八十一难"之后的奇迹。

征战欧洲：啃下最难啃的"骨头"

在亚非拉等地的业务扩张取得了一定的进展之后，华为开始向欧洲出击。

2000年，任正非派邓涛和几名销售人员作为第一波探路者来到了欧洲。早期，并没有欧洲总部之说。他们一行人在德国、法国、西班牙、葡萄牙等多个国家之间穿梭，摸索着到底哪儿才有华为的市场空间，以至于常常被调侃说："邓涛走到哪里，欧洲总部就在哪里。"

在很长一段时间里，他们都在熟悉欧洲的市场环境，到处走走停停，根本谈不上拿订单。但又不是完全没有收获，他们至少大致摸清了"欧洲"这块肥肉的市场环境。在欧洲，想以相对不那么富裕的国家作为突破口根本不行，原因是这些国家只要购买欧盟厂商的产品就能享受欧盟大量的补贴政策。在这种情况下，华为的价格攻略只能认输。

其实在几年前，华为也曾因为价格攻略在与巨头的竞争中败下阵来。1997年，华为获得了一次与南斯拉夫邮电部合作的机会。为了尽快促成合作，攻入欧洲，华为破釜沉舟地向对方告知了底价，但这样的做法在南斯拉夫邮电部看来，就是对技术与产品不自信的表现，最终他们选择了报价高于华为的阿尔卡特。

华为在欧洲市场接二连三地受挫，让任正非开始变得清醒。他知道要想真正打开欧洲的大门，不能再走以前的老路。他决定派出一批精兵强将征战欧洲，以求在高端市场打开缺口。为了激发员工的积极性，任正非将是否愿意主动投身国际市场作为选拔和晋升干部的一个重要标准。华为将市场部的干部分为三类：第一类是全世界所有地方任由公司安排；第二类是国内所有区域任由公司安排；第三类是只愿意在国内经济发达地区，而华为优先考虑提拔第一类干部。在薪酬福利待遇上，华为也采取"向海外市场人员倾斜"的政策，海外人员的奖金相当于国内同等级人员的 3 到 5 倍。

2001 年年初，华为将士正式出征。为了给出征的将士送行，任正非特意发表了《雄赳赳气昂昂跨过太平洋》的讲话。在讲话中，他特意强调了拓展海外的重要性：

> 我们的危机是我们的队伍太年轻，而且又生长在我们顺利发展的时期，抗风险意识与驾驭危机的能力都较弱，经不起打击。但市场的规律，常常不完全能预测。一个企业总不能永远常胜，华为总会遇到风雨。风雨打湿小鸟的羽毛后，还能否飞起？总是在家门口争取市场，市场一旦饱和，又将如何去面对？

如果说国际化是华为寻求出路的必然选择，那么能否啃下欧洲这块最难啃的"骨头"，更关系着华为的生死存亡。因此，哪怕有一丁点儿机会，华为都会打起百分之一百的精神，抓住它。

2001 年，华为一路跌跌撞撞，在西班牙、葡萄牙仅仅小有成果，但离大的订单还隔着万水千山。当时，华为人最为痛苦的不是被怀疑，而是根本见不到运营商的面。与邓涛一起在欧洲打拼的王冠珠回忆说："自己去谈几次也不见得能见到人家的高层主管，所以我们开始想办法发挥当地代理商的作用。"[1]

这一年在法国，华为通过一家有名气的代理商接触到了阿尔斯通。当时，阿尔斯通手上有一个非电信核心业务的城域网项目，华为就此展开了第一次合作。

不仅如此，华为与法国运营商 NEUF 的合作也是始于代理商。那时 NEUF 正准备在法国全境建设一个骨干网络，并已经确定了一份供应商名单，但在其中并没有"华为"的名字。可是，与 NEUF 熟识的一家代理商的一通电话改变了一切。最终，华为凭借优惠的价格和惊人的速度，赢得了 NEUF 在整个法国的光网络传输合同。这是华为在欧洲第一个规模较大的订单。

王冠珠说："实际上，华为要想在等级森严的欧洲做生意，一开始必须找到合适的代理商和合作伙伴，也只有通过代理商才有可能见到运营商。对于在国内与运营商天天见面的华为来说，这种间接的销售方式非常不习惯。但这也是没有办法的办法，在欧洲华为必须学会'借力打力'。"

通过这种方式，华为在法国打开了局面。此后，华为对欧洲各个国家进行了各个击破。

2003 年，英国电信筹划了一个为期 5 年、总投资额高达 100 亿英镑的项目"21 世纪网络"，希望将公司所有的传统电信网全部转移到 IP 平台上。英国电信在全球电信运营商中排在第九名，是华为"做梦"都希望与之合作的一流运营商，也就是华为人口中常说的"大 T"。

但要成为英国电信的供应商必须通过其供应商认证。为此，任正非还专门成立了英国电信筹备工作小组。这一年 11 月，英国电信采购认证团来到华为进行了为期 4 天的认证。当时，英国电信专家问："从

[1] 吴建国、冀勇庆：《华为的世界》. 中信出版社 2006 年版

端到端全流程的角度来看，影响华为高质量将产品和服务交付给客户的五个最需要解决的问题是什么？"

任正非意识到这是一个机会，一个真正接近世界级电信设备商管理水平的机会。于是，在英国电信提出的问题上，华为进行了改造，还专门组建了大客户服务部，为"大T"提供端到端的服务。2005年4月，在与数百家大大小小的供应商经历了激烈角逐之后，华为终于通过了英国电信的考察，成为"21世纪网络"项目的八家优选供应商之一。

这次合作对于华为的意义不仅仅是在英国拿下"大T"而已，这也是华为第一次与欧洲客户进行硬碰硬的较量，意味着华为的管理水平、技术水平已经被国际认可。

更大的机会正在等待着任正非。2005年，华为开始与沃达丰"牵手"。传输、PTN、微波、数通、OCS，双方合作的领域越来越宽，华为成了沃达丰在网络侧最大的供应商。到了2011年1月，华为成功拿下了德国、意大利和英国项目，在VDF最核心的欧洲四张大网里，华为突破了友商的记录，进入了每一个子网，且都成为了主要供应商。此外，华为还进入了匈牙利、罗马尼亚、捷克、希腊、埃及、加纳、南非、澳大利亚和土耳其，并且在其中七个国家里，都是独家供应商。[1]

2010年，华为销售收入1852亿元，其中海外业务收入1204亿元，占总收入的65%，同比增长33.8%，而欧洲市场收入占海外业务的30%左右。

这一年，华为在海外征战已15年，内部不再使用"国际化"这个落伍词汇。任正非认为，国际化是以中国为中心，指的是中国人往外

---

[1] 华为欧洲奋斗史：办公室设备只舍得买宜家 每周飞五个国家是常事，https://news.html5.qq.com/share/7641381706539071808?url=http%3A%2F%2Fkuaibao.qq.com%2Fs%2FTEC2019070700274900&cardmode=1&ch=060000&qbredirect=&share=true&sc_id=KXnnrgD

走；而全球化是以世界为中心，利用全球的优势资源为全球市场服务。他更愿意用"全球化"来表达世界眼光："跨国这个概念不好说，但我们是支持全球化的，因为世界经济走向全球化以后才能有效地提高资源利用率。"

值得一提的是，华为的全球化是建立在任正非"开放"的战略思想上的。"开放、妥协"是华为的开放战略思想。这种合作又竞争的战略，使得华为在整个电信市场的竞争不再那么白热化、剑拔弩张、你死我活，并在这样的状况下赢得"共同瓜分世界"的目的。

事实证明，华为做到了。经过多年的曲折迂回，华为已经将旗帜插在全球的各个角落，并且已经成为全球通信行业里举足轻重的力量。

第五章

为客户服务是华为存在的唯一理由

　　"以客户为中心"是任正非在演讲中常常提到的一句话，这也是每个华为人做事的准则。在群狼环伺的通信行业，任正非正是凭借着这六个字打败了强大的对手，实现了"黄袍加身"，成为闻名中外的通信巨头。

面向客户是基础，面向未来是方向

比尔·盖茨常说："客户需要什么产品，我们就给他提供什么产品。"管理学大师彼得·德鲁克则说："企业存在的目的就是创造顾客。"在华为，任正非重视客户是出了名的。

创业早期，有个邮电局的科长到深圳华为的办公地点考察。两人热情交谈之后，任正非请他吃个饭。虽然公司楼下就有不少餐厅，但任正非却把该科长带回家，亲自下厨招待他。任正非后来解释说："请他吃饭也花不了多少钱，但我亲自下厨炒菜，客户就有一种被重视的感觉。"

实际上，华为之所以能够在众多中小企业中脱颖而出，并逐渐在国际市场上打开局面，就在于始终坚持"以客户为中心"。

1994 年 6 月，当 C&C08 万门机研发成功，华为告别无产品、无技术时代时，他在《胜利祝酒词》中说道：

> 在当前产品良莠不齐的情况下，我们承受了较大的价格压力，但我们真诚为客户服务的心一定会感动上帝，一定会让上帝理解物有所值，逐步地缓解我们的困难。我们一定能生存下去……

当时，尽管华为的产品以价格低、服务好在很大程度上能迎合客户的需要，但质量问题引起的返修率高还是一件困扰华为的尴尬事。为此，营销人员遭到客户责骂是常事，包括任正非也挨过客户的训斥。为了生存，华为面对客户的责骂从来都是忍气吞声，不敢有任何抵触，而且诚恳检讨，表示立马改正。

1997年，任正非正式提出"面向客户是基础，面向未来是方向"的观点。他说："如果不面向客户，我们就没有存在的基础；如果不面向未来，我们就没有牵引，就会沉沦、落后……"

1998至1999年，整个市场处于饥渴状态。当思科的电信产品打入中国市场后，很快赢得了国人的青睐。但思科的产品价格极高，在消费水平不高的中国市场，客户往往更需要质优价廉的产品。

任正非发现苗头后，立即组织人马研发类似产品。华为的"群狼战术"很快见效。华为不仅在短时间内研发出产品，并且其价格只是思科的1/3。这样，华为用了短短一年时间便取代了思科在中国的霸主地位。当2001年思科的高端路由器再度垄断中国市场时，华为又以同样的招数同思科短兵相接。结果，不到两年时间就再次抢去了思科在中国市场一半的蛋糕。

为了争取生存的基础，鼓励花钱是任正非做市场的策略之一。

任正非深知"舍不得孩子套不住狼"。在抢占市场份额时，越是舍不得投入，越拿不下市场，甚至一些小打小闹的投资很可能化为乌有。所以那时，华为的"花钱理念"是：不敢花钱的干部不是好干部，花不了钱要扣工资，省钱的不是好干部。"花钱标准"则是：出差要住星级宾馆，参展要在国际展厅，捐款要有轰动效应，市场要抢最大份额。

但华为花钱，并不是说钱多得花不出去，四处摆阔气充大佬，而是要看投入和产出是否合理，花钱是否能产生效益。任正非在一篇文章中曾讲了这样一个故事：华为要在上海建研究基地，交由美国一家叫做AMBOY的公司设计，但其奢华程度遭到大多数人的反对，最后市场部以少数派的弱势据理力争，才赢得大家的支持。据称这个办公机构中有一条走廊可以起降五架直升飞机，可以在房间里进行飞行表演，这让客户都震惊了。任正非解释说，此举所要达到的目的，正是要把客户震撼住，好让他们毫不迟疑地签署购货合同。

任正非用这一招"敢花钱"的招数击败了无数对手。1999 年在山东菏泽地区，华为也是凭借高投入拿下了订单。当时，山东菏泽地区早已是朗讯和西门子的天下，华为被那里的电信局拒之于门外。但华为毫不气馁，先是借口解决产品质量问题同电信局接上头，绝口不提销售的事，而是大讲企业文化和理念，然后不计成本地分批次请电信局领导来华为参观，让他们了解华为、信任华为。半年后在菏泽的整网招标中，华为胜出。

2000 年，北京国际通信展，华为无论在展台规模、展示内容、人员素质、观众评价等方面都远远胜过了其他同行。华为的展台前门庭若市，上海贝尔的展台前却冷冷清清。然而，商海瞬息万变，价格攻略不可能一直奏效。受 IT 泡沫破裂、决策失误等影响，华为业绩下滑，才开始在内部推行低成本运作。

但"以客户为中心"是华为不变的、永远坚持的准则。2001 年 7 月，公司内刊《华为人》拟发表一篇文章，题目是"为客户服务是华为存在的理由"。任正非在审稿时，将其改成了"为客户服务是华为存在的唯一理由"。在他看来，华为命中注定是为客户而存在的，除了客户，华为没有存在的任何理由，所以是唯一理由。

2002 年 5 月，发表在《IT 经理世界》的一篇文章中，作者将通信制造企业分为三种类型：西方的行业巨头被称为"狮子"，其特征是拥有实力雄厚的技术、产品、资本、管理资源；中外合资企业被称为"豹子"，即各方面实力较差的中方企业搭上外资巨头的顺风车，各方面实力得到加强。但久而久之，"狮子"和"豹子"患上了资本和技术过于优势的"富贵病",对高端技术过度投资却没有赢得市场的认可,从此变得一蹶不振。此外,它们只把眼光瞄准大城市,而忽略了消费力较强的二三线城市甚至农村地区,齐齐聚在竞争白热化的市场上火拼,相互之间削弱力量。

而如华为一样的本土企业,先天不足、营养不良、资源匮乏,但却进攻性强,如同草原上那些虎视眈眈寻找猎物的"土狼",面对有限的资源,它们为了存活只有另辟蹊径,迂回发展,从而在"狮子"和"豹子"的凶悍包抄下苟且求生。让这样的华为活下来的便是一条简单的逻辑:以客户为中心。

眼睛盯着客户，屁股对着老板

在中外企业史上，很多企业都崇尚客户至上。

比如强生公司，其坚守的信条是客户第一，员工第二，社会第三，股东第四。比如亚马逊，它的理想是成为"地球上最以客户为中心的公司"，其创始人还说：期望亚马逊能成为其他完全不同行业企业的模板，让其他行业的企业也能说出，"希望在我们自己的行业也实现那样卓越的客户体验"。

在任正非看来，华为的魂就是客户。从1988年创办华为以来，经过一番历练终于摆脱生存困境之后，华为终于确定了"以客户为中心"的价值观。事实证明，如果不以客户的需求为一切工作的中心，生产的产品卖不出去，企业在没有利润的情况下将寸步难行，很难存活。

"以客户为中心"，说起来很简单，做起来却难。因为在企业的具体运作中，还涉及方方面面的问题，比如股东的利益、员工的利益。许多美国公司是把股东的利益放在第一位，把为客户服务放在其次，即当股东利益与客户的需求发生矛盾时，首先满足的是股东的利益。实践证明，这种把股东利益放在第一位的公司，很快就崩溃了。有的公司把员工利益放在第一位，但这类公司也很快做不下去，因为没有市场效益，利益就不能实现最大化，员工的薪酬也就得不到满足。只有把客户利益最大化，并以此作为公司的最大奋斗目标，为客户提供质量好、服务好、价格低的产品，这样的企业才能获得利润，才能活下来。正如任正非 2007 年在《华为公司的核心价值观》中所言：

> 从企业活下去的根本来看，企业要有利润，但利润只能从客户那里来。华为的生存本身是靠满足客户需求、提供客户所需的产品和服务并获得合理的回报来支撑。员工是要给工资的，股东是要给回报的，天底下唯一给华为钱的，只有客户。我们不为客户服务，还能为谁服务？客户是我们生存的唯一理由。既然决定企业生死存亡的是客户，提供企业生存价值的是客户，企业就必须为客户服务。因此，企业发展之魂是客户需求，而不是某个企业领袖。

实际上，为了践行"以客户为中心"，任正非时常把自己的利益排在最后。

有一年，任正非去新疆办事处视察工作。办事处主任由于是"新官"上任，不太了解任正非的工作作风，为了彰显对老板的重视，他大张旗鼓地租了一辆加长林肯轿车，亲自前往机场迎接任正非。该主任本以为老板会很满意，没想到，任正非下飞机一看到这辆豪华的林肯轿车，就气得不行。

上车后，他就愤怒地指着主任的鼻子说："你只要派司机来就可以了，为什么还要亲自来迎接？现在你应该待的地方是客户的办公室，而不是陪我坐在车里！客户才是你的衣食父母，你应该把时间放在客户身上！"

任正非用自己的实际行动告诉每一个华为人，什么才是以客户为中心。为了突出强调，他还特意多次提醒：

　　我们上下弥漫着一种风气，崇尚领导比崇尚客户更厉害；管理团队的权力太大了，从上到下，关注领导已超过关注客户；向上级汇报的胶片如此多姿多彩；领导一出差，安排如此精细、如此费心，他们还有多少心思用在客户身上？

　　你们要脑袋对着客户，屁股对着领导。不要为了迎接领导，像疯子一样，从上到下地忙着做胶片……不要以为领导喜欢，你就升官了，这样下去我们的战斗力是会削弱的。

　　在华为，坚决提拔那些眼睛盯着客户、屁股对着老板的员工；坚决淘汰那些眼睛盯着老板、屁股对着客户的干部。前者是公司价值的创造者，后者是牟取个人私利的奴才。各级干部要有境界，下属屁股对着你，自己可能不舒服，但必须善待他们。

2010年12月，任正非在"以客户为中心，以奋斗者为本，长期坚持艰苦奋斗"讲话中说道：

　　这就是华为超越竞争对手的全部秘密，这就是华为由胜利走向更大胜利的"三个根本保障"。我们提出的"三个根本保障"并非先知先觉，而是对公司以往发展实践的总结。这三个方面，也是个铁三角，有内在联系，而且相互支撑。以客户为中心是长期坚持艰苦奋斗的方向；艰苦奋斗是实现以客户为中心的手段和途径；以奋斗者为本是驱动长期坚持艰苦奋斗的活力源泉，是保持以客户为中心的内在动力。

多年后，华为已位居行业领先，任正非已经成为赫赫有名的商业思想家，创业者们膜拜学习的榜样。但他还是一如既往，没有前呼后拥。他会深夜独自一人拉着拉杆箱，没有随从，更没有专职司机，在上海虹桥机场排队等候出租车。他也会独自一人在华为食堂排队打饭，领到餐后，一个人端着盘子吃饭，饭菜也很简单。

不只是任正非，华为领导层都一样低调。一位副董事长曾解释说："华为这样的做法，并不代表领导层的道德觉悟有多高，这不是我们的出发点。重要的是，它体现着华为的价值观：客户重要，还是领导重要？这才是大是大非，关系到公司的胜败存亡。"[1]

正因为客户重要，任正非才会要求员工"眼睛盯着客户，屁股对着老板"；正因为客户重要，华为会抛开个人安危地创造客户、寻找客户。因而无论是在人迹稀少的西伯利亚还是在冰天雪地的北极圈，无论是在时刻遭遇恐怖袭击的印度孟买还是动荡不安的刚果，无论是在遭遇地震之灾的阿尔及利亚还是在气候恶劣的珠穆朗玛峰，都能见到华为的移动通信设备。

华为的一位高管总结道："什么叫以客户为中心？不是成天向客户点头哈腰，而是忠实于责任感，完成自己的本职工作。客户使用我们的设备建网络，我们理所应当地要及时、准确、优质、低成本地交付，并提供最好的服务。当地震、战乱等极端困难发生时，我们只能与客户共渡难关，因为这时候网络最容易出问题。"

2007年，当华为相继突破欧洲、北美、日本等主流市场，成为发达国家（地区）同行们不可小觑的电信行业的一支力量时，谁也不相信，华为的国际化进程竟是由诸多非常规的事件组成的。许多细节可能不被人相信，但正是这些细节构成了华为成功的历史，成为发展中国家的企业由蚂蚁蜕变成凤凰的经典案例，它们清晰地映射出任正非带领下的华为践行中国式商业思想所做的华丽冒险以及取得的辉煌成功。

---

[1]田涛、吴春波：《下一个倒下的会不会是华为》，中信出版社2017版

坚持"普遍客户关系"法则

任正非是最会搞市场关系的人。这也是华为能够由小变大、由弱变强，从不入流的电信行业的"门外汉"成长到与世界顶尖级企业齐名的根本原因。任正非的市场关系，并不是一种随机的、偶然的、心血来潮的市场关系，而是上升到一种战略高度，是任正非敬畏市场的表现。

任正非的"市场关系学"的逻辑要点是：客户最终会选择一家供应商，但在这个过程中未必是完全理性的。供应商完全可以引导客户的选择。如果客户没有选择自己，也不必抱怨，可以通过请客、送礼、咨询、服务等多种方式先同客户建立良好的人际关系，客户接受你这个人，才会接受你推销的产品。

在信息产业部和中国电信、中国移动、中国联通、中国网通四大运营商当庄的年代，国外供应商打入这些部门往往只关注这些机构的金字塔顶端。像华为这样的初期没有品牌没有名气的经常遭到客户拒绝的企业，其市场部的公关活动，只能从基层某个不起眼的环节入手。

也就是说，在客户关系方面，当跨国公司倚仗对核心技术的垄断，在电信局只重视一把手，而对其他层面的领导普遍采取忽略态度的时候，任正非正好将这种"忽略"视为"机会"。他强调客户不分级别的高低，规模的大小、职务的高低，一律视为华为的公关对象。从产品推广、项目竞标到最后签署合同，每一个环节都必须层层贴近客户并建立良好的关系。要让每个层面的客户都普遍感到被尊重，让每个层面的人员都对华为投赞成票。

任正非这种对"客户关系"的深入理解和实践已经达到相当高的境界，所以又被称为"普遍客户关系"。任正非对此所做的解读是：

> 普遍客户关系这个问题不仅仅是市场部的问题，也是对全公司的要求。坚持普遍客户关系原则就是见谁都好，不要认为对方仅是一个运维工程师就不作维护、不介绍产品。我们每层每级地贴近客户，分担客户的忧愁，客户就给了我们一票。这一票，那一票，加起来就是好多票。

为了能同客户搞好关系，华为有些员工不惜一切代价地去同客户"拉关系"，包括客户女儿上学、家人就医，甚至客户学车拿驾照的事都包揽下来，目的就是为了感动客户，拿下订单。

曾经有一个客户经理在做某市场的时候，只注重对决策层的公关。结果，虽然费了九牛二虎之力拿下几个订单，但由于在技术方面存在的问题，被该局其他科室抓住把柄而拒不执行。而且华为几位副总裁多次前往拜访都一律被拒。为了缓和这种僵持的局面，新的负责人上任后，他除了对相关人员加强感情联络之外，还同该单位的职工一起上下班，每天给他们打水、扫地、擦桌子。这样，经过大半年时间的努力，该单位上上下下逐渐对华为有了好印象。从签订几万元的电源合同开始，华为同该单位逐渐建立了稳定的客户关系。

普遍客户关系并不只是请客送礼一类的"公关活动"，提供优质服务也是建立客户关系的一个方式。当初因为华为的设备不稳定，需要派技术人员守在机房，包括节假日都要昼夜加班，以防止网络中断。

尽管与国产产品相比，国外产品质量好、稳定性高，但因为有了售后服务作为弥补，加上价格上的差距，华为提供的产品也能得到用户的接受。

有一年在市场部表彰大会上，在听取了来自全国三十多个办事处主任的汇报后，任正非百般感概地总结道：

> 客户是我们的衣食父母，绝不能把客户关系看作买卖关系，更不能为了签署合同直奔一把手而轻视职务低的客户。这既是我们做人的原则，也是做市场必须坚守的准则。

坚持"普遍客户关系"成为华为打败"西方列强"的核心竞争力。某种程度上可以说，华为势如破竹般地从竞争对手的手中夺得了一个又一个的市场，甚至被冠以"用三流的产品卖出了一流的市场"，其决定性的因素就在于华为与客户建立了根深蒂固的关系。正如任正非所说："华为的产品不是最好的，但那又怎么样？客户选择了我而没有选择你，这就是核心竞争力。"

品牌建立在"以客户为中心"基础上

早期，华为在品牌推广上一直比较低调。

在华为的一次内部会议上，一位员工向任正非提问："现在华为的品牌推广总体感觉还相对比较低调，这样的策略今后会否改变，像摩托罗拉等厂商一样更高调地做品牌的推广？"任正非回答道："任何高调的品牌是要付出费用的，我们没有这么多钱，我希望你们踏踏实实地在你们的本职工作中不断积累客户对公司的信任。"

"我们生产的不是消费品，我们不需要所有老百姓都知道我们的产品，我们只要365个客户知道我们就行了，或者以后新的客户知道我们就行了，所以我们不会高调。"在另一个场合，任正非对同一问题又做了进一步阐释。

华为的品牌宣传并不像那些有钱的商业巨头那样做广而告之的宣传，而是在目标市场针对具体客户做深耕细作。具体来说，华为在最初产品技术含量不高的情况下，正是通过良好的服务来创建品牌的。

在任正非看来，服务是品牌的附加值。在《资源是会枯竭的，唯有文化才能生生不息》一文中，任正非如此解读华为的服务文化带来的效益：

华为的特征就是服务文化，因为只有服务才能换来商业利益。

服务的含义是很广的，不仅仅指售后服务，从产品的研究、生产到产品生命终结前的优化升级，员工的思想意识、家庭生活……因此，我们要以服务来定队伍建设的宗旨。我们只有用优良的服务去争取用户的信任，从而才能创造资源。这种信任的力量是无穷的，是我们取之不尽、用之不完的源泉。有一天我们不服务了，就是我们要关门、破产了。因此，服务贯穿于我们公司及个人生命的始终。当我们生命结束了，就不用服务了。

华为的品牌是无数直销人员用心血和汗水铺就的，他们以吃苦耐劳的精神感动着客户，为公司树立了良好形象，为打开知名度做出了巨大的努力和牺牲。不管是烈日炎炎还是冰天雪地，即便是在崇山峻岭，华为的客户人员终年奔波在维修、装机的路上。用户的需要就是死命令，就算有再大的困难也要克服。在寒冷的冬天，积雪封路，他们曾在冰天雪地中被围困七八个小时；在炎热的夏季，他们曾在蒸笼般超载的长途汽车上日夜颠簸。

每逢节假日，当别人与家人享受团聚的幸福时光时，他们却要坚守岗位，不管哪里出故障，他们都会在第一时间赶到……正是华为良好的售后服务，弥补了技术薄弱的劣势，推动了公司品牌的建立。可以说，良好的服务文化产生了优秀的服务团队，从而推动了企业的发展。而优秀的服务团队，离不开资本的运作。只是相对于国外巨头在广告推广上的大量投入来说，华为的品牌建设走了一条节俭而艰辛的道路。

许多民营企业，其创始人的名字已经跟企业名称紧密联系在一起，作为个人品牌深入人心。比如，说起百度人们就想起李彦宏，提到搜狐就知道张朝阳，看到阿里巴巴就联系到那个长相奇特的小个子马云。至于腾讯QQ，人们更是会冲口而出，不就是那个名字中也含了一个"腾"字的马化腾吗？还有，网易就是丁磊，丁磊就是网易，已是业界不争的事实。

在对品牌的宣传上，各家公司创始人也都使出浑身解数，将企业和产品推至公众面前。搜狐创始人张朝阳甚至在早期缺乏宣传资金的情况下，用扩大个人影响从而扩大企业知名度的方式做品牌。他用"一脱成名"等标志性的作秀方式，让中国这个保守的国度接受网络这样的新奇事物。他以疯狂不羁的做派在时尚杂志上演绎的"脱文化"给初生的搜狐带来了极高的关注度，让人们很快将搜狐与张朝阳等同起来。为了让人们接受高科技产品的高度，他不惜亲自参加登珠峰这样的危险活动，以达到营销造势的目的。

与张朝阳相比，作为网络设备提供商的任正非相对低调些。他不仅没有"秀"自己，甚至在企业形象和产品品牌的宣传上，刻意隐没自己。他一再强调要将对公司的宣传和对其个人的宣传区分开来，以免耽误公司。因为要在激烈的竞争中立于不败之地，当务之急是让"华为"二字深入客户的心中，印入客户的脑海，使华为在多如牛毛的电信产品中，成为消费者的首选。

在品牌宣传上，华为做的是慢工夫。它与张朝阳的搜狐网站不同。网站是靠点击率、关注度求生存，所以张朝阳推行的是注意力经济、眼球经济；而华为生产的是实实在在的产品，必须在使用后才能点赞。所以，华为品牌不是吹出来的，而是消费者用出来的，是华为员工用心血熬出来的。

2006年5月8日，华为把沿用了18年的商标中的"15道太阳光柱"换成了美丽温馨、蓬勃向上、富有顽强生命力的"8瓣菊花"。与旧商标相比，新商标为向底部聚焦的图标，更能体现华为坚持以客户需求为导向，持续为客户创造长期价值的核心观念。菊花是任正非喜欢的花卉，与"太阳光柱"相比，任正非感到菊花更能体现出华为作为弱小者反败为胜的奋斗拼搏精神。

"你们知道薇甘菊吗？薇甘菊是一种杂草，号称'植物杀手'，它只需要很少的水、很少的养分，就能快速生长，能够抢光其他植物的资源，使自己生长的空间和范围很宽很广。它迅速地生长，覆盖了所有的植物，使它们没有阳光而死亡。我们做产品需要具备薇甘菊这样的能力，要在末端接入层成为霸主。要成为行业的薇甘菊，就必须具备实力，没有实力是做不了霸主的。"

图标中的8瓣代表全球八个地区分部：欧洲、中北非、南非、亚太、东太、南美、北美、独联体，象征未来华为将以更稳健的步伐，加快国际化扩张战略。新商标意喻在国际市场上，华为将以薇甘菊一样的侵略性、快速生长、快速繁殖、快速入侵，以微弱、渺小的姿态与大树竞争，以迅雷不及掩耳的速度抢夺大树赖以生长的阳光雨露，让一些大树在不知不觉中遭到歼灭；意喻华为将为客户提供菊花一般的独特、清新、脱俗的产品和技术；意喻华为将与合作伙伴及友商一起构建和谐的商业环境，共同成长。

华为将薇甘菊作为商标，还意味着华为今后将进一步把薇甘菊的精神植入干部，传承给员工，渗透进组织和流程，并在未来的国际化战略中，打造薇甘菊的业务运作模式……华为想到了，所以华为存活下来；华为做到了，所以华为得以发展壮大；华为还可做得更好，所以华为的未来无可限量。

第六章

华为的冬天

2000 年起，无论是华为还是任正非，似乎都进入了寒冬时期。对于华为来说，与思科的世纪之讼，与港湾的博弈，与老员工的股权冲突，以及一个又一个决策失误……对于任正非个人来说，还有母亲逝世的打击，癌症与抑郁症的双重折磨……

战思科：敢打才能和

20世纪90年代，.com公司风起云涌，纳斯达克指数一路上冲。每一个狂热的信仰者都幻想着有朝一日能够去纳斯达克敲钟。

这把火烧到了中国，就连联想公司也加入了这个热潮之中。然而，狂热者将其称为信仰，冷静者则视其非正常。任正非就是其中一个冷静者，2002年回顾网络泡沫时，他说：

> 只有搞信息才赚钱，"触网即发，无网不胜"。我当时就认为这是极不正常的。道理很简单，也很朴素：人们不能吃信息、穿信息、住信息。粮食不要了，房子不要了，汽车不要了，然后人们就富裕了，怎么可能？

确实不可能。任正非料事如神。2000年3月，以技术股为主的纳斯达克综合指数攀升到5048，互联网泡沫也到达了顶峰。3月10日，泡沫开始破裂，很多网络公司先后走向崩溃。

这一年，华为却取得了成立以来的最好成绩，销售额达220亿元，还以29亿元的利润，位居全国电子百强首位。当员工都在为该成绩"手舞足蹈"时，任正非却写下了《华为的冬天》一文，告诫员工要居安思危。他在文章中说：

公司所有员工是否考虑过，如果有一天，公司销售额下滑、利润下滑甚至会破产，我们怎么办？我们公司的太平时间太长了，在和平时期升的官太多了，这也许就是我们的灾难。泰坦尼克号也是在一片欢呼声中出的海。而且我相信，这一天一定会到来。面对这样的未来，我们怎样来处理，我们是不是思考过？我们好多员工盲目自豪、盲目乐观。如果想过的人太少，也许就快来临了。居安思危，不是危言耸听。

没想到两年后危机真的来了：来自美国的巨头企业——思科对华为发起的一起跨国阻击。

这要从华为的崛起说起。20 世纪 90 年代末期，华为开始推出接入服务器、路由器、以太网等产品，单单在接入器市场上就超过思科，获得了超过 60% 的市场份额。

即便是远在大洋彼岸，思科总裁兼首席执行官钱伯斯也清晰地感受到了一个强大对手的崛起。于是，他先向其抛出了"橄榄枝"，以期与华为在路由器产品方面展开合作。但这个"橄榄枝"带着不怀好意的味道。钱伯斯开出的条件让任正非着实大跌眼镜，他希望华为放弃研发高端产品，转而负责思科在中国市场中低端产品的生产制造。

对于这种不平等的合作，任正非自然毫不犹豫地拒绝。

此时的华为产品已经有了进军美国的计划。1993 年，华为在美国达拉斯建立了研究基地；1999 年，华为在达拉斯开设研究所；2002 年，华为在得克萨斯州成立全资子公司 Future Wei，销售宽带、数据产品。2002 年 6 月，华为的得克萨斯分公司参加了美国亚特兰大举办的 Supercomm 2002 商展会，并正式宣布进入北美。

在美国，思科产品的利润极高，达 60% 以上。针对美国产品成本高、价格高、利润高的现状，华为在美国的绝杀技是价格低，甚至在美国打出了"唯一不同的就是价格"的广告。在价格优势和极力宣传之下，华为在美国的销售额日渐增长。这让钱伯斯感受到了巨大的威胁。

2002年底，钱伯斯气势汹汹地来到中国面见了任正非。在与任正非的会谈中，他直言不讳地指责华为侵犯了思科的知识产权，要求任正非承认侵权、赔偿以及停止销售侵权产品。

突如其来的控诉让任正非一时之间有些震惊。他深知华为根本不存在什么侵权问题，这样的指控纯属无理要求。但为了不把事情闹大，让双方相安无事，他还是选择了妥协，同意暂停销售涉及知识产权纠纷的产品。但关于侵权的指控，任正非拒不承认，他强烈表示华为没有侵权。

但很显然，这并不是钱伯斯想要的结果。在你来我往的矛盾交锋之下，最终双方都没能说服对方。

钱伯斯怒气冲冲地回国，开始发动新一轮的狙击。2003年1月，思科正式在得克萨斯州东区联邦法院向华为提起诉讼，起诉书长达77页，涉及专利、版权、不正当竞争等21项罪名。

在诉讼状中，思科提出了一系列诉求："判决华为支付思科专利侵权赔偿金，判决华为支付思科专利侵权惩罚性赔偿金，判决华为支付通过侵犯思科专利所获的全部收益和利润，判决华为支付由于侵权给思科带来的全部经济损失，判决华为支付思科因本案而发生的合理的律师费，判决支持思科获得法定损害赔偿金以及商誉等其他损害性赔偿金……"

思科的诉讼让任正非一时措手不及。形势比想象中更严峻，"华为威胁论"与"华为抄袭论"都甚嚣尘上，令华为的形象大跌。与此同时，思科在全球近百家办事处发表声明，表明了诉讼的存在，并强调所有用户不要购买和使用华为的产品，以免在思科胜诉之后有经济上的损失或是连带赔偿责任。这一举措的效果立竿见影，华为在国外市场上遇冷。外患之外还有内忧，国内的竞争对手也加紧蚕食华为的市场。

任正非忧心忡忡，紧急成立应诉小组全力迎战。在他看来，"敢打才能和，小输就是赢"。

多方调查之后，任正非决定用"美国的方式"应对这次诉讼。为此，华为专门聘请了美国的律师事务所。对方果然犀利，在研究完所有资料之后，找到了一个可能对思科致命的反击点："私有协议"。所谓私有协议是指一套企业内部自定的协议标准，只适用于本企业生产的设备产品，而思科制定私有协议，其实就是一种变相的垄断。而在美国，垄断属于一种极其严重的违法行为。

于是华为开始行动。一方面，任正非在国内提起诉讼，控诉思科垄断中国路由器市场；另一方面，华为在美国发起反击，向美国得州马歇尔法院提交了一份18页的答辩词，对思科提起了反诉讼，要求法院判思科败诉，并给予华为一定的强制性补偿。

与此同时，华为还请专家比对了思科与华为的源代码，相似度仅为1.7%，不涉及侵权。此外，2003年3月，华为宣布与思科的对手3Com公司成立合资公司"华为-3com"，华为不再是孤军奋战。

钱伯斯没有想到华为的反击来得如此猛烈。双方僵持不下，但这场官司越持久，两败俱伤的程度就越深。2004年7月，华为与思科签订和解协议，法院判定思科永久不得以同一问题起诉华为，一场"世纪诉讼"宣布终结。

华为不仅没有被"扼杀"在摇篮里，反而开始在海外名声大噪，或许这就是所谓的"那些杀不死你的，必将使你更强大"。

钱伯斯也不再如以往那样执着。一年后，任正非在深圳坂田的华为总部再次见了钱伯斯，昔日的对手变成了合作伙伴。

华为与港湾：敌对的"父与子"

就在华为与大洋彼岸的思科纠缠不休之时，另一大危机已经在暗中潜伏，伺机而动。

2000 年 12 月，华为的得力干将李一男向任正非递交了辞呈。在外界看来，任正非与李一男情若父子。在研发上，任正非一向对他毫无保留地信任。但"爱之深，恨之切"，李一男一旦办错什么事情，任正非说骂就骂，说踹就踹。那种情形如同一位性格暴躁的父亲在教训脾气倔强的儿子。

而今他信任的"儿子"却因内部创业政策要离他而去。任正非很惋惜，但再怎么劝说，李一男都一心想要离职。

"留不住了。"任正非内心清楚地知道。于是，虽然心有不舍，他还是强颜欢笑地在深圳五洲宾馆为李一男举办了送别宴。在送别宴上，任正非伤感不已。他喝了很多酒，跟李一男说了很多掏心窝子的话。李一男走后，任正非十分后悔，他检讨自己对李一男创设的工作氛围宽松度不够，以至于后者心存怨气，为了惩罚自己，他主动将薪水从 A 级降为 C 级，后来又调到 B 级。

按照公司的规章制度，李一男临走时领到了 1000 多万元的分红。凭借这笔资金，他来到北京另起炉灶，创办了港湾网络公司。成立初期，港湾与华为是亲密的合作伙伴，主要业务为代理销售华为的产品。

2001 年，港湾网络公司靠代理销售额达到了 2 亿元。但以李一男"技术天才"的能力加上敢打敢拼的性格，不会甘于仅仅做华为的代理。果然，通过代理完成了早期的原始资本积累后，李一男将收入的 15% 投入研发，而其研发的正是与华为直接竞争的宽带网络通信技术和产品。

自此，港湾一路风光无限。2002 年，港湾销售额突破了 4.5 亿元；到了 2003 年，这一数据涨到了 12 亿元。港湾的产品线也不断丰富，不再只是接入层交换机，而是包括 MSTP 智能光网络、ADSL/VDSL 宽带接入设备、软交换、面向 NGN 的大容量综合接入万门局等在内的全网解决方案。

更为亮眼的成绩是：从 2000 年到 2004 年，港湾共吸引风险投资超过 10 亿元，成为当时风投金额最多的企业。

风投对港湾的追捧让任正非意识到危机重重。当时正值 IT 泡沫爆破之时，在任正非看来，西方基金在泡沫中惨败后转向中国，是为了挖空华为、窃取华为的无形财富，以达到摆脱困境的目的。

这一时期，华为内外交困。其内部弥漫着一股歪风邪气，一些员工高喊着"资本的早期是肮脏的"口号，在风险投机的推动下，联手偷走华为的技术机密与商业机密，推动公司的分裂。与之同时发生的，还有竞争对手借机利用港湾对华为的打压。

华为被来自各方的负面力量撕扯着，如果任其发展下去，就是找死。任正非没有退路，只有抗争到底。几年后，任正非总结道：

> 后来，我们发现并不是和你们竞争，（我们）主要面对的是基金和竞争对手。如果没有基金强大的力量，你们很难招架得住我们的竞争压力。我们感到了基金的力量与巨大的威胁，如果我们放弃竞争就只有死路一条。如果基金这样做之后在中国获得全

面胜利，那么对中国的高科技将是一场灾难，它波及的就不只是华为一家了。

任正非痛下决心，开始对港湾进行打击，曾经的"父子"反目成仇。

2004年华为成立了一个叫做"打港办"的机构，主要职责是研究港湾的策略，并进行相应的打击。当时，只要是港湾参与的竞标，华为就不惜一切代价也要拿到手，甚至愿意报出低于港湾几倍的价格。

对于这样的竞争，客户自然乐享其成，选择价格低且产品好、公司大的华为。就这样，港湾所到之处必有华为；华为所到之处，港湾必"寸草不生"。慢慢地，港湾一度高速增长的势头遭到了严重打击。

在日益严峻的形势下，李一男开始谋求上市。但他没想到，华为洞悉了该计划，并出招制止。在李一男为上市东奔西走之时，一封举报信被送到了纳斯达克上市审核委员会，港湾被举报财务报告作假，上市计划因此而耽搁。

面对华为的围追堵截，李一男并未放弃谋求出路。2005年，港湾再次有了新动作，酝酿与西门子合作。任正非敏锐地洞察到了该动作，他觉得如果西门子与港湾联手，华为将有可能在欧洲与其正面杠上，也会因此丧失巨大的市场机会。这种情况，他不愿意看到，华为也不能遭遇。于是，就在双方即将"签字画押"的紧要关头，华为向港湾公司及其重要客户和合作伙伴发去了律师函，声称港湾涉嫌侵犯华为的知识产权。

这一年10月，华为用1000万元收编了港湾深圳研究所的语音小组，港湾最赚钱的VOIP业务因此被扼杀。这对于港湾来说，无异于被砍掉了一只手臂。

在华为的重拳出击之下，港湾节节败退，最终李一男不得不低头认输。2006年6月6日，华为宣布以17亿元的价格收购港湾，这场"父

子之战"终结。在欢迎港湾团队回归的会议上,任正非安抚港湾员工说:

> 不要看眼前,不要背负太多沉重的过去,要看未来、看发展。在历史的长河中有点矛盾、有点分歧,是可以理解的,分分合合也是历史的规律,如果把这个规律变成沉重的包袱,是不能做成大事的。
>
> ……你们开始创业时,只要不伤害华为,我们是支持和理解的。当然你们在风险投资的推动下,所做的事对华为造成了伤害,我们只好作出反应,而且矛头也不是对准你们的。

李一男也跟随港湾回到了华为的怀抱,曾经 27 岁就坐到常务副总裁位置的他,回归后没有了实权。2008 年,李一男再次从华为出走,去百度担任首席技术官。此后关于他的故事与华为再无关联。

对于这场竞争,任正非用了四个字来形容——惨胜如败。如果可以有更好的方式,他绝不会选择这样惨烈的方式,也就不会有"惨胜如败"的结局。

卖掉华为?

世纪之交那段时间,对于任正非而言是一段苦不堪言的日子。与思科的世纪之讼、与港湾的父子之战、公司内部的动荡不安着实让他白了头。在重重的压力之下,他陷入了具体而繁琐的事物当中,无法抽身出来站在更高的角度上规划华为的战略。

于是,决策失误、预判失误在此时一并出现了。

20世纪末,中国电信由于没有无线频率资源和经营牌照,在与中国移动、中国联通的竞争中落了下风。为了重振雄风,中国电信决定利用现有的大量闲置交换机,采用PHS技术与中国移动和中国联通抗衡。PHS技术是一种基于固话网络的无线通信方式,也就是所谓的"小灵通"。

各地电信局对于发展无线接入的需求也很迫切。但一向关注客户需求的任正非,这一次眼睛、耳朵似乎树起了一道屏障,对于客户的需求视而不见、听而不闻。

他一再否决"小灵通"项目,即便各地电信局亲自洽谈,他也态度坚决地拒绝。在他看来,这只是一个短暂的机会,稍纵即逝,华为不能做机会主义者,而只要国家正式给中国电信下发无线牌照,华为就能进行大规模的无线建设。

这样的决策成就了UT斯达康。1995年,成立于美国硅谷的UT

斯达康开始为中国电信建设"小灵通"。借助于小灵通，任正非口中的"机会主义者" UT 斯达康迎来了爆发式增长。2001 年 12 月，UT 斯达康实现全年销售额 6.27 亿美元，用户超过 300 万，遍及全国 20 多个省的 200 多个城市及乡镇。2002 年 6 月，UT 斯达康用户发展到 901 万，在行业里已经属于垄断地位的存在。并且早在 2000 年 3 月 3 日，UT 斯达康已经在纳斯达克证券交易所上市，共募集资金 1.8 亿美元。

任正非悔不当初。2003 年，华为作为后来者进入小灵通市场，但此时已错过了小灵通的黄金发展期，逝去的时光已经追不回来。

无独有偶。GSM 和 CDMA 都是当时国际上主流的数字蜂窝通信技术，但华为选择了前者，且在 GSM 身上押注了几十亿人民币，以至于没有足够资金投入到 CDMA 上。

但在很长一段时间里，华为的 GSM 面临着颗粒无收的局面。并且在 TD-SCDMA 市场来临时，华为也错失了机会。2001 年 3 月，中国联通 CDMA 项目启动 200 亿元进行网络建设，并宣布此后五年，因 CDMA 引发的网络建设、手机终端和服务市场加起来将会达到 5000 亿元。

中兴、大唐、TCL 等企业都抓住了机会。反观华为，在招标前不久才开始投入，以至于在一期招标、二期招标上均败北出局。2014 年，任正非在华为上海研究所专家会上回忆了这两次失误，他说这是一个让他极度痛苦的决策。他还说：

> 我当年精神抑郁，就是为了一个小灵通，为了一个 TD（TD-SCDMA），我痛苦了 8～10 年。我们在追赶的时候是容易的，但在领队的时候不容易，因为不知道路在哪儿。我并不怕来自外部的压力，而是怕来自内部的压力。我不让做，会不会使公司就走向错误，崩溃了？如果做了，是否会损失我争夺战略高

地的资源？内心是恐惧的。TD市场刚来的时候，因为我们没有足够的投入，所以没有机会，第一轮招标我们就输了。第二轮我们投入了，翻上来了。第三轮开始我们就逐步领先了，我们这叫后发制人战略。

失误的故事不仅这些。2001年年初，任正非预言中国电信市场会"井喷"，为此，他给光网络部门下达了160亿元的销售目标。但是，随着时间的推移，员工们发现老板口中的"井喷"并没有出现。

意识到自己的预测错了，任正非就将光网络产品的销售目标由160亿元调整到了120亿元。他还安慰员工说，虽然没有"井喷"，但还有"浪涌"。然而，故事并没有按照他在心里排练的那样进展。这一年，光网络市场一直保持着低迷的状态，既没有"喷"，也没有"涌"。面对低迷的市场处境，任正非也很低迷。他不得不再将光网络产品的销售目标下调到60亿元，仅为早期目标160亿元的37.5%。

这种低迷直接映在华为的年终业绩上。在维持了14年的快速增长之后，2001年，华为业绩出现了自1988年创立以来首次停止增长的局面。雪上加霜的是，2002年的业绩不增反减，华为出现了自成立以来的首次负增长。

华为的冬天变得异常寒冷。

早在2000年初，任正非就在琢磨要不要给华为戴上一顶"美国帽"，以避免未来与美国产生冲突。在一连串的决策失误的打击下，任正非身心已经疲惫不堪，更加重了他卖掉华为的想法。他开始憧憬"一群中国人戴着一顶美国'牛仔帽'打遍全世界"的场景。

任正非寻找的买家是当时风光无比的巨头摩托罗拉。

2003年，在海南的一处沙滩上，任正非身穿花衬衫、花裤衩，衬衫上还挂着一副黑色墨镜，走在他旁边穿着黑色T恤的男子就是时任摩托罗拉首席运营官的迈克·扎菲罗夫斯基。在这场谈判中，他与任正非达成了共识：摩托罗拉以100亿美元的价格收购华为。

任正非与所有谈判人员都异常兴奋。当时，双方已经签完了收购意向书，办完了所有手续，剩下的最后一步就是董事会批准。他们在沙滩上赛跑、打乒乓球，在一片轻松愉悦的气氛中等待着最后的裁决。

但这场收购案却发生了变故。原 Sun Microsystems 公司的埃德·桑德尔取代了迈克·扎菲罗夫斯基的摩托罗拉首席运营官职位，推动并购的摩托罗拉 CEO 小高尔文也在与董事会产生矛盾后辞职。在董事会会议上，这项交易因失去了来自高层的支持，最终被否决。

出售计划泡汤后，任正非与华为高层领导们都在纠结于"华为还卖吗"这个问题。少壮派一致表决"不卖"，任正非也就此打消了卖掉华为的想法。

随着时代的风云变幻，放弃收购华为的摩托罗拉日渐显示出衰颓之势，被对手一路赶超，最后被联想收购。华为则一路狂奔，成为行业的领跑者，也成为美国惧怕的一般力量。

多年之后，当美国开始对华为施压时，或许任正非与迈克·扎菲罗夫斯基都会想起那个惊心动魄的时刻，前者会是心潮澎湃，后者则是一声长叹。

历史遗留的股权危机

为了吸引人才和激励员工，从 1992 年起，任正非就在公司上下实行"共担公司风险、共享公司成功"的员工持股制，激发员工以主人公的姿态积极为公司的发展献计献策。员工队伍的稳定性和积极性的提高，成为华为高速发展的"加油站"。

从 1994 年到 2000 年，华为每年的销售额呈近乎翻番的增长态势。这段时期，员工除了每年根据业绩得到大量的股票奖励外，以往年度的股票也按照经营业绩进行分红，高峰的时候甚至造就了令业界眼红的为数众多的千万富翁。

但遭遇小灵通市场与 TD 市场的双重打击后，华为潜藏的股权危机开始浮出水面。当时，为了缓解自身面临的经济危机，华为想通过出售旗下电源公司华为电气（前身为华为技术子公司莫贝克）来一解燃眉之急。

华为东奔西走，找了包括朗讯在内的很多家公司寻求收购，但是都没谈成。后来，爱默生电气向华为抛出了橄榄枝。多轮谈判之后，2001 年 2 月，华为确定以大约 7.5 亿美元的价格将华为电气出售给艾默生电气中国投资有限公司，华为电气改名安圣电气（后来改名为艾默生网络能源）。

收购之后，按照惯例，华为需要以 1 ∶ 1 的比例回购虚拟受限股。

但是在清理股权时，安圣电气的员工并不满意这个价格，集体与华为谈判，并诉求至少以 1∶7 为基准。而艾默生之所以愿意收购安圣电气，一方面是为了其产品和模式，另一方面是看好华为电气的战斗力极强的人才，所以双方达成协议的前提是保持原班人马。

在此情形下，为了帮其留住这批员工，华为只好妥协，承诺按照 1∶4 的比例分 4 年兑现完毕。正是这种做法让其他的华为员工心存不满：为什么安圣电气 1∶4，而他们却只能 1∶1？

2003 年，刘平首先向华为发难。刘平 1993 年春节后入职华为，起初担任软件高级工程师，几个月后坐上了万门机的软件项目经理。万门机项目完成后，他又开始做交换机业务部副总工程师，后来又一路担任了数据通信业务总工程师、北京研究所所长、华为数据通信产品线总监、中央研究部常务副总裁、执行副总裁、对外合作部部长。

之后，在任正非掀起的内部创业政策中，他与李一男同期离职创业。临走时，他所享有的 354 万股按 1∶1 的比例全额兑换成了现金 354 万元。但得知安圣电气的员工以 1∶4 的比例兑现后，这样一位在华为从业近 10 年的老兵内心极为不平衡。

他想：如果当初他也能按照 1∶4 兑现的话，就是 1416 万元。毕竟是一笔不小的资金，他越想越生气，就一纸诉状将华为告上了法庭。

刘平状告华为的 2003 年，正是华为成长过程中纷争四起的一年。这一时期的任正非心情极度抑郁，时常在梦醒时分痛哭。当时，华为与思科的诉讼正处于白热化时期，港湾则虎视眈眈地盯着华为的地盘，华为正在研究如何打击港湾。再加上任正非自己市场攻伐战术的失误，导致错失小灵通及 CDMA，任正非的战友郑宝用又被诊断出患了脑癌远赴美国接受治疗，华为可以说是内外交困。

本就为前华为大将李一男发愁的任正非，又收到了来自另一前华为大将刘平的公开挑衅，任正非苦笑不已，自己发起的内部创业政策还真是让自己命途多舛。不只是刘平，一批从华为离开的创业者纷纷效仿刘平讨伐华为。

华为不得已与前员工站到了法庭之上。因为案件是不公开审理，具体结果不得而知。可以确认的是，华为摆平了这次股权危机，后续不会再有讨伐者出现。

但这件事给任正非敲响了警钟，华为的股权制度存在巨大的漏洞。一旦有类似的股权分配比例变化情况出现，都有可能招来诉讼之祸。

危机感强烈的任正非立马着手变革股权制度。他先是拿出30亿元资金，宣布华为内部不少于80%的员工都拥有公司旧部股票的购买权，让股票在公司内部流通，缓解公司业绩下行带来的资金压力。此后，为了实现华为对股票的绝对控制，任正非又决定清理股权，成立"华为投资控股有限公司"，将过去隶属于"华为工会"或"华为技术"的股票整合为"华为控股"股票。

2003年9月15日，华为又向员工发布了不少于10亿元的股金管理层收购方案。员工以往累积的配股即使不离职，也可以选择每年按一定比例兑现。一般员工每年的兑现比例最大不超过个人总股本的1/4；对于持股股份较多的核心员工，每年可以兑现的比例则不超过1/10。新员工本人只需拿出所需资金的15%，其余部分由公司出面，以个人名义向银行贷款。

自此之后，员工的积极性提高，华为业绩飞涨。

2008年，在美国次贷危机的影响下，华为再次配股。此次配股每股4.04元，年利率逾6%，涉及范围几乎包括所有在华为工作一年以上的员工。

就这样，任正非牢牢将员工利益与公司利益绑定在了一起。华为员工在每年薪资的基础上，享受着巨大的分红，比如在2017年，任正非就拿出了40%的利润进行分红。

但在自己的财富问题上，任正非一直保持低调。2000年，当美国《福布斯》杂志决定向全球发布"2000年中国富豪排行榜单"时，负责此事的英国人胡润根据推算，认为任正非至少占华为5%的股份，并根据华为当年的营业收入，算出他的身价应该在5亿美元左右，由此把他列为中国富豪榜单上仅次于荣智健和刘永好之后的第三名。当胡润通过传真向华为核实这些数据时，华为律师措辞强硬地要求胡润将任正非从富豪榜上撤下来，否则将在法庭上见。

任正非常说华为不是他自己的，而是所有员工的。现如今，在华为的股权构成中，任正非仅占1.14%，其他均归属于96768名持股员工。任正非说：

> 乔布斯在苹果的持股比例仅有0.58%，自己在华为的股权权数量继续下降应该是合理的，要向乔布斯学习。

重度抑郁症患者任正非

因为对小灵通以及 TD 市场的疏忽，任正非在那段时期患上了重度抑郁症。他担心自己的决策影响华为的生死存亡，他害怕自己担负不起因失误让华为垮了的责任。

2000 年初压力太大时，任正非好几次想到自杀。每一次想自杀时，他就立马求救，给孙传芳打电话，因为他知道这是一种病态心理。但孙传芳并不能医好他的病。压力大到不行时，任正非就逃回老家，与母亲待在一起减减压。

与此同时，华为的员工们发现老板已经失去了曾经的锐气。以前老板演讲滔滔不绝，很有激情，而现在老板讲话甚至需要停顿好一会儿。此时的任正非已快 60 岁了，员工们纷纷揣测，难道是宝刀已老吗？

谁知这时，更大更严重的打击来了。

2000 年 12 月 31 日，任正非总算抽出时间买了一张从北京去昆明的机票，回去看望了母亲程远昭。飞机起飞前，他才告诉母亲，自己要回去陪陪她，还嘱咐她不要告诉他人，以免有一堆客户要见，忙来忙去。

由于 1 月 3 日要随时任副主席胡锦涛访问伊朗，任正非只在昆明待了一天就返回了北京。1 月 8 日结束对伊朗的访问后，他刚把胡锦涛副主席送上飞机，就接到了噩耗。纪平打电话告诉他，上午 10 点左右，在买菜归来的路上，他母亲被汽车撞成了重伤。

听到这个消息，远在伊朗的任正非心里"咯噔"了一下，不敢相信这是真的。他火急火燎地想赶紧回国，但回国之路却偏偏一路不顺。在巴林转机需要待上六个半小时，再加上雷雨天气，飞机延误了两个小时。好不容易赶到了曼谷，又因为晚了十分钟，任正非没有赶上前往昆明的飞机。

回想与母亲的种种往事，想到自己工作太忙一直没有时间陪母亲，想到母亲还在医院里抢救，在路上的每一分每一秒，任正非的心里都承受着巨大的煎熬。直到深夜，他才赶到昆明。但此时，母亲已经不行了，她的头部受伤严重，呼吸全靠药物和机器维持。任正非看了母亲一眼后，母亲便停止呼吸离开了人世。

任正非悔恨交加，痛心疾首。他想起上次离开昆明前，他还与母亲约好，这个春节不工作，哪儿也不去，与几个弟妹陪她在海南过节，一家人痛快地在一起聊一聊。没想到，这次回来一切都变了。伤痛之下，他写下了《我的父亲母亲》，他悔恨道：

> 我真后悔没有在伊朗给母亲打一个电话。7日胡副主席接见我们8个随行的企业负责人，我汇报了两三分钟，说到我是华为公司的时候，胡副主席伸出4个指头，说四个公司之一。我本想把这个好消息告诉妈妈，说中央首长还知道我们华为。
>
> 但我没有打，因为以前不管我在国内还是国外，给我母亲打电话时，她都会唠叨："你又出差了"，"非非你的身体还不如我好呢"，"非非你的皱纹比妈妈还多呢"，"非非你走路还不如我呢，你这么年纪轻轻就这么多病"，"非非，糖尿病参加宴会多了，坏得更快呢，你心脏又不好"。我想伊朗条件这么差，我一打电话，妈妈又该唠叨了，反正过不了几天就见面了，就没

有打。而这是我一生中最大的憾事。由于时差，我只能在北京时间 8 日上午一早打，告诉她这个喜讯，如果我真打了，拖延她一、二分钟出门，也许就躲过了这场灾难。这种悔恨的心情，真是难以形容。

痛失至亲后，任正非的抑郁症变得更严重了，他经常喘不过气来。有半年时间，他几乎天天晚上做噩梦，半夜常常哭着醒过来。

但作为一家企业的领导者，他还得披上铠甲为华为寻找出路。2001 年 3 月，他访问日本，考察日本实业界是如何在连续 10 年低增长、零增长、负增长的情况下"活下去"的。归来后，他写下了《北国之春》，令人振奋：

> 华为存在的问题不知要多少日日夜夜才数得清楚……但只要我们不断地发现问题，不断地探索，不断地自我批判，不断地建设与改进，总会有出路的。就如松下电工昭示的抢救冰海沉船的唯有本企业员工一样，能救华为的也只有华为自己的员工。从来就没有什么救世主，也没有神仙皇帝，要创造美好的明天，全靠我们自己。
>
> 冬天总会过去，春天一定来到。我们要乘着冬天，养精蓄锐，加强内部的改造，我们要和日本企业一道，度过这严冬。我们要定会迎来残雪消融溪流淙淙，华为的春天一定会来临。

但有时，受抑郁症影响，任正非又表现得十分迷茫，似乎找不清华为的方向。2004 年在文莱的电信展上，一位记者偶然见到任正非，问及华为未来的发展重点。任正非说："我们也说不清重点是什么，未来怎么发展，我们都是糊里糊涂的。"记者不甘心，又继续问道："华为未来发展的重点是国内还是海外？"他回答道："不知道，我真的不知道我们将来向哪个方向发展。"然后，他又说了一句让记者惊掉下巴的话："我们现在生意很难做。如果我们开餐馆就好了，毛利会更高。"

直到 2006 年，他在一家叫做"西贝莜面村"的餐厅吃饭时，看到大厅里有一群来自内蒙古村庄的姑娘唱歌跳舞。任正非请他们唱歌，一首歌 3 美元。看到她们兴奋、乐观、热爱生活的姿态，任正非想：贫苦的农民尚且都想活下去，为什么我却不想活呢？

那一刻，他突然变得豁然开朗，忽然找到了活下去的价值。自那以后，他虽然流了很多泪，但再也没想过自杀，抑郁症也慢慢好了起来。并且，华为一路发展得越来越好，终于走出了冬天的阴霾。

其实，同一时期折磨着任正非的不只是抑郁症，还有高血压、糖尿病、癌症。因为癌症，他曾在左小腿和左耳分别做过两次手术。第二次手术是在 2005 年，任正非从西班牙回来直接进了手术室。就连一个普通员工生病也会有人探望，但低调的任正非没有告诉任何人他要做手术。

一个低调沉稳、勤俭朴素、韧性极强的任正非又出现了。

第七章

人才机制的自我变革

　　年纪越大，任正非就越明白，一个再成功的领导者也不是万能的，个人英雄主义在企业管理中是万万不能的。为了长远发展，华为必须用一定的机制去保证其当下和未来都有最优秀的人才队伍、管理队伍，以及决策效率。

华为大学：将军的摇篮

1956 年，在纽约市以北一个叫做"克劳顿村"的地方，美国通用电气公司（GE）建立的全球第一所企业大学——克劳顿管理学院诞生了。作为企业大学的鼻祖，克劳顿管理学院培养了一代又一代人才。自成立以来，来自 GE 公司并跻身财富 500 强的 CEO 超过 150 位。

克劳顿管理学院也因此收获了巨大的光环，"美国企业界的哈佛""领导力的摇篮"等等，都是它广为流传的标签。在其成立之后，无论是在中国还是在外国，一大批企业大学带着希望破土而出：1961 年，汉堡包大学成立；1997 年，西门子管理学院成立；1999 年，海尔大学成立；2011 年，苏宁大学成立……

任正非也早有通过企业大学培养人才的想法。1996 年，在一次人力资源部培训工作汇报会上，他提出了对于华为大学的定位：华为大学没有固定的场所，没有固定的组织形式，是一种以自学为主的教育引导体系。它的真谛是引导干部员工不断进步，严格要求自己、约束自己。

在这次汇报会上，任正非将培训的意义一锤定音："培训工作是贯彻公司战略意图，推动管理进步和培养干部的重要手段，是华为公司通向未来、通向明天的重要阶梯。"[1]自此，华为的培训体系开始起步。1997年，培训体系初步建立时是以培训新员工与客户管理为导向；2000年，各业务部门设立干部中心，培训体系执行逐步专业化；2003年年初，成立华为培训中心，课程、师资统一化。

2005年，任正非口中的"华为大学"正式注册。作为一名曾从军14年的退伍军人，任正非崇尚军事管理，他的指导思想有着浓郁的军事气息。任正非希望华为大学能够像西点军校、黄埔军校、抗日军政大学一样，成为将军的摇篮，为华为培养和输送战斗力极强的干部。

2006年，在华为大学和党委领导座谈会上，任正非清晰地表达了对于华为大学"培养将军"的要求："黄埔军校培养了林彪、徐向前、陈赓等一大批共产党、国民党的高级将领，为什么黄埔军校能够培养出这样的学生？为什么抗大能培养出一大批走上抗日前线的将领？现在我们也要'北伐'了，你们不培养出将军来怎么行？"[2]

成立华为大学的初衷不止于此，任正非还有更为深远的考虑。说起华为大学的诞生，任正非在一次采访中说道：华为有4万海外员工不愿意回中国，这与教育有很大的关系。现在的父母非常重视孩子的教育，但国外的教育和国内的教育不一样，尤其是在模式和观念上有很大的不同。孩子们在接受了西方的教育之后，反过来再接受国内的教育，想要转变过来的话很难。并且在国外，孩子可以在很多地方接受最好的教育，而在深圳，甚至连（好点的）学校都很难进去。

任正非清楚地知道人才流失海外的后果：国内的企业很有可能被超越，或者面临被淘汰的危机。这是国家以及国内企业都不想看到的

---

[1] 1996年，任正非在人力资源部培训工作汇报会上的讲话《培训——通向华为明天的重要阶梯》

[2] 2006年，任正非在华为大学和党委领导座谈会上的讲话《华为大学要成为将军的摇篮》

结果，因此他才做出了成立华为大学的决定。他想运用新的教育模式和理念培养人才，让海外员工毫无顾虑地回国。

自华为大学创建以来，任正非一直保持着高度重视。一个明显的证据是他在华为大学专门成立了指导委员会，自己担任指导员，三个轮值 CEO 做委员，并规定每半年开一次会，以保证华为大学的战略方向不出错。

至于华为大学的业务方向与学习体系，任正非的理念是："由于学员都接受过正规的基础教育，华为大学一定要办得不像大学，华为大学要为华为主航道业务培育和输送人才，坚持训战结合的教学理念，最终的目的是实现作战胜利。"[1]

如何打造"最不像大学的企业大学"？在任正非的指示下，华为大学主要以赋能为中心，不追求完全体系化和系统化，但教学要与"客户需求"相结合，而这个客户就是华为内部负责考察干部、提拔中高层干部的组织——"片联"。

为了培养出华为的"将军"，华为大学坚持"最优秀的人培养更优秀的人"，培训范围包括"文化传承""管理能力""专业能力"和"项目管理能力"等。其中任正非最看重的便是"文化传承"，他希望在这所大学，将"执行力""以奋斗者为本""以客户为中心"等华为文化植入每一个华为人的基因里，从而在战场上不畏艰难，所向披靡。

华为大学不只是内部人才培养体系的重要一环，也是华为发展战略的重要构成。2006 年 8 月 30 日，经华为 EMT 决议制定了"830 计划"，计划明确提出：未来受社会进步、技术进步的影响，华为在通讯领域的产品将变得越来越不值钱，就像是鸡肋一样，许多公司会选择逐步

---

[1] 1996 年，任正非在人力资源部培训工作汇报会上的讲话《培训——通向华为明天的重要阶梯》

放弃这些虽然鸡肋但人们需要的产品，华为则将坚持不动摇地持续开发、维护这些鸡肋产品。任正非表示华为的战略是把鸡肋产品做成美餐，像薇甘菊一样在严酷的地方生存。而执行该计划最大的困难是缺少带兵打仗的能人志士，这就迫切需要华为大学培养出"将军"。[1]

华为大学除了是"最不像大学的企业大学"，还是"自负盈亏、有偿服务"的企业大学。任正非说，之所以要求华为大学有偿服务是基于两个方面的原因。

一方面，有偿服务能够防止业务部门无偿利用资源且因无偿学习不认真。任正非甚至用"灾难"二字形容无偿服务的弊端："不收钱，其实就是华大的灾难，你就会被无穷地调用，直到累死。每个代表处的代表都会说，'我们这里有个问题，请你们华大来搞一下培训'，然后他打完电话就算完了，就不管了。"

另一方面，有偿服务能够保证华为大学摆脱财务羁绊，不至于因为预算问题业务受到限制。但有偿服务并不意味着任正非向华为大学要利润。他希望把从受益学员那儿赚的钱，再投入为受益学员服务中去。任正非说：

> 华大坚持收费模式，主要是赚内部钱，而不是到外面去赚钱。华大赚的钱，就是用来给你们建立更好的学习平台和教学能力。收入预算和分配预算要有一个机制。如果挣了钱，在一定范围内，你们就可以自己做事情。这样华大就有作战权，该花钱就花，但同时战果管理要接受公司审计。[2]

---

[1] 2006 年，任正非在华为大学和党委领导座谈会上的讲话《华为大学要成为将军的摇篮》

[2] 2014 年，任正非在华大建设思路汇报会上的讲话

华为大学的门口立着一块石碑，碑上刻着八个鲜红的大字："小胜靠智，大胜靠德。"这句话最早出自《世说新语》，原文为："德成智出，业广惟勤，小富靠勤，中富靠智，大富靠德，小胜靠智，大胜靠德。"后来，人们又加上了更多说法，其中之一为"常胜靠法"。

"法"即制度。"以赋能为中心""自负盈亏、有偿服务"等都可以看做是华为大学的"法"。在华为大学的"法"下，每一年，两三万名甚至更多员工在接受洗礼后，冲上前线，最终完成了由一个好兵到一名将领的转身。

让听见炮火的人呼唤炮火

一直以来，任正非都在强调"唯有惶者才能生存"。他曾在《华为的冬天》里说："10 年来我天天思考的都是失败，对成功视而不见，也没有什么荣誉感、自豪感，只有危机感！"[1]正是因为任正非高度的危机感，华为才能治愈其在发展的不同阶段生出的不同病症。

2008、2009 年，在全球经济低迷的背景下，华为仍然取得了非常漂亮的成绩。2008 年，华为全球销售收入达 183.3 亿美元，同比增长42.7%，超越北电成为全球前五大设备商；2009 年，华为全球市场销售收入达 1491 亿元，比 2008 年增长 19%，华为成为仅次于爱立信的第二大电信设备商。

在业绩大规模增长的同时，任正非并没有放松警惕，关于组织的弊病，他早已心知肚明：大企业病，机构臃肿、官僚化作风严重。

任正非对此深恶痛疾，他不想再留着这颗随时都可能恶化的"毒瘤"。但如何解决，任正非还没有找到答案。思来想去之后，在一次EMT 会议上，他提出将机关干部和员工压到一线，从而缩短流程，提高效率，减少协调，使公司实现有效增长，以及现金流的自我循环。

但该想法遭到了一部分 EMT 成员的反对。他们认为机关干部和

---

[1] 2001 年，任正非在科以上干部大会上的讲解《华为的冬天》

员工压到一线后，不仅会增加一线的负担、增加成本，帮不了什么忙，而且机关干部下去以总部自居，反而干预了正常的基层工作。

听完这些，任正非认识到自己的认知是有局限的。

问题就摆在那儿，该如何解决呢？任正非就像一个外科大夫一样，拿着手术刀思考着如何切下这一刀。后来，有中层干部向他反映，组织流程变革要倒着来，从一线往回梳理，平台部门只是为了满足前线作战部队的需要而设置的，并不是越多越好、越大越好、越全越好，只有减少平台部门，减轻协调量，精减平台人员，才能提高效率。[1]

任正非因此豁然开朗。为了给组织做一场完美的手术，他亲自深入一线开展调研。访问利比亚时，任正非在听取北非地区部的汇报后，一直困扰他的问题终于有了答案。北非地区部以客户经理、解决方案专家、交付专家组成工作小组，形成面向客户的以项目为中心"铁三角"作战单元，其精髓是为了目标而打破功能壁垒，形成以项目为中心的团队运作模式。[2]

"铁三角"的组织建构发源于美军的策略。以美军在阿富汗的特种部队为例，前线为"铁三角"组合，包括一名信息情报专家，一名火力炸弹专家，一名战斗专家。发现目标后，信息专家利用先进的卫星工具等确定敌人的集群、目标、方向、装备，炸弹专家配置炸弹、火力，计算出必要的作战方式，并按授权许可度，用通信呼唤炮火……美军作战小组的授权是以作战规模来定位的，例如：5000万美元，在授权范围内，后方根据前方命令就及时提供炮火支援。[3]

从阿富汗战争的"铁三角"组织建构，任正非也意识到一线拥有

---

[1] 2009年1月16日，任正非在销服体系奋斗颁奖大会上的讲话《谁来呼唤炮火，如何及时提供炮火支援》

[2] 同上

[3] 同上

决策权的重要性："以前，前线的连长指挥不了炮兵，要报告师部请求支援，师部下命令炮兵才开炸。而'铁三角'系统的支持力量很强，前端功能全面，授权明确，特种战士一个通信呼叫，飞机就开炸，炮兵就开打。"[1]

但华为恰恰相反。机关不了解前线，但拥有太多的权力与资源，为了控制运营的风险，自然而然地设置了许多流程控制点，而且不愿意授权，过多的流程控制点，降低了运行效率，增加了运作成本，滋生了官僚主义及教条主义。一线人员最为了解前线战况，但由于体制的原因，他们往往需要将大量时间耗费在与上层机构的沟通上，这导致华为无法进行迅速的市场反应从而丧失市场先机。

在任正非看来，北非地区部及阿富汗战争给华为提供了一条很好的思路和借鉴：把决策权根据授权规则授给一线团队，后方起保障作用，以免拥兵自重。

于是，2009 年 1 月，任正非在销服体系奋斗大会上喊出了"让听得见炮火的人呼唤炮火"的口号。他在演讲中表示，华为的流程梳理和优化要倒过来，以需求确定目的，以目的驱使保证，一切为前线着想，从而精简不必要的流程和不必要的人员，提高运行效率，为生存下去打好基础。

他用一个形象的术语描述了组织和运作机制的变革："我们过去的组织和运作机制是'推'的机制，现在要将其逐步转换到'拉'的机制上去，或者说是'推''拉'结合、以'拉'为主的机制。"推"的时候，是中央权威的强大发动机在推，一些无用的流程，不出功的岗位，是看不清的。"拉"的时候，看到哪一根绳子不受力，就将它剪去，连在这根绳子上的部门及人员，一并减去，组织效率就会有较

---

[1] 2009 年 1 月 16 日，任正非在销服体系奋斗颁奖大会上的讲话《谁来呼唤炮火，如何及时提供炮火支援》

大的提高。"[1]

当然，基层作战单元在授权范围内，有权力直接呼唤炮火。任正非说："呼唤炮火也是有成本的，谁呼唤了炮火，谁就要承担呼唤的责任和炮火的成本。后方变成系统支持力量，必须及时、有效地提供支持与服务，以及分析监控。"[2]

任正非要求机关干部和员工既不能以总部自称、发号施令，更不能要求前方的每一个小动作都必须向机关报告或经机关批准，否则，机关就会越做越大，越来越官僚。他也要求一线的作战，要从客户经理的单兵作战转变为小团队作战，并且：客户经理要加强客户关系、解决方案、融资和回款条件以及交付等营销四要素的综合能力，要提高做生意的能力；解决方案专家要一专多能，对自己不熟悉的专业领域要打通求助的渠道；交付专家要具备能与客户沟通清楚工程与服务的解决方案的能力，同时对后台的可承诺能力和交付流程的各个环节了如指掌。[3]

如任正非所期望的，在时代的大潮中，华为通过一系列变革，有效遏制了官僚主义，提高了运作效率。然而，在组织发展过程中，旧的"毒瘤"在割除，新的"毒瘤"也在诞生，变革是企业不变的旋律。

［1］2009 年 1 月 16 日，任正非在销服体系奋斗颁奖大会上的讲话《谁来呼唤炮火，如何及时提供炮火支援》

［2］同上

［3］同上

从单一领导权到轮值体系

2011 年年底，任正非发表了题为《一江春水向东流》的文章，文章的副标题叫做《为轮值 CEO 鸣锣开道》。单看副标题，演讲的目的显而易见，任正非希望为即将上任的轮值 CEO 们扫除障碍、开辟道路。

此前，华为通过选举产生了 13 位董事会成员，郭平、胡厚崑和徐直军轮流担任公司的 CEO，每人的轮值期为 6 个月，下设 4 个委员会支持轮值 CEO 的工作。董事会负责监管组织总体运行，包括设定战略方向和目标，审批财务决策以及任命高级管理人员等。轮值 CEO 在轮值期间是公司的最高的行政首长，他们着眼于公司的战略及制度建设，将日常经营决策的权力进一步下放给各 BG（Business Group，是指华为的一个业务集团）各区域，以推动扩张的合理进行。

任正非说："作为轮值 CEO，他们不再是只关注内部的建设与运作，同时也要放眼外部、放眼世界，要自己适应外部环境的运作，趋利避害。我们伸出头去，看见我们现在是处在一个多变的世界，风暴与骄阳，和煦的春光与万丈深渊……并存着。"[1]

纵观国内外管理思想，董事会领导下的轮值 CEO 制度其实是华为独创，而这也是由轮值主席制度演变而来。早在 2004 年，美国顾问

[1] 2011 年 12 月 15 日，任正非文章《一江春水向东流》

公司来到华为设计公司组织结构时，认为华为竟然没有中枢机构，简直是"不可思议"；而且，高层只是空任命，不运作。[1]

于是，在该顾问公司的指导下，华为建立了EMT（经营管理团队，Executive Management Team）。EMT成立后，却为谁来做主席犯了难。任正非死活不愿意做EMT主席。最后，华为决定由八位领导轮流执政，每人半年。轮值主席制度就这么在无意中诞生了。

由此，华为从单一领导权转变到了轮值体系。在此之前，任正非早已意识到必须改变风险巨大的单一决策模式，否则将危及公司的生命安全。他曾说：

> 华为的变革就是对个人权威的消灭过程。什么时候华为不依靠一个人或几个人的影响力了，华为就真正成熟了。[2]

华为的管理变革其实也是任正非消灭自己权威的过程。在外界看来，任正非就是华为的英雄。他白手起家、饱经磨难，将华为打造成世界级企业。任正非就是华为的代名词，华为也是任正非的代名词。

但任正非深知，在企业管理中，个人英雄主义是要不得的。

"人感知自己的渺小，行为才开始伟大。我后来明白，一个人不管如何努力，永远也赶不上时代的步伐，更何况在知识爆炸的时代。只有组织起数十人、数百人、数千人一同奋斗，你站在这上面，才摸得到时代的脚。"[3]

在IPD变革时，任正非也曾说过：

[1] 2011年12月15日，任正非文章《一江春水向东流》

[2] 田涛、吴春波：《下一个倒下的会不会是华为》，中信出版社2017年版

[3] 2011年12月15日，任正非文章《一江春水向东流》

哪天一把火将华为烧没了，你们'带着嫁妆，带着你的妹妹'都走了，但只要制度和流程在，我们就还可以再造一个华为……为什么下这么大决心，花这么多钱让西方公司教我们怎么爬树？就是要摆脱对个人英雄的依赖。对普通员工我们倡导英雄，但高级干部不能是个人英雄……[1]

任正非在谈"无为而治"的《一个职业管理者的职业和使命》中说过，华为曾经是一个英雄创造历史的小公司，正逐渐演变为一个职业化管理的具有一定规模的公司。淡化英雄色彩，特别是淡化领导人、创业者的色彩，是实现职业化的必然之路。任何一个希望自己在流程中贡献最大、青史留名的人，一定就会形成黄河的壶口瀑布，长江的三峡，成为流程的阻力。[2]

轮值 CEO 制度也是任正非消灭个人英雄主义的抉择。但在《一江春水向东流》的演讲中，任正非坦言不知道"轮值 CEO"这条路能走多好，它需要全体员工的拥护，以及客户和合作伙伴的理解与支持。然而在 2011 年轮值 CEO 制度公布后，还是遭到了外界质疑。

面对质疑，2012 年 4 月 23 日任正非做出回应，态度一如既往地坚决。他说：

"轮值并不是新鲜的事，在社会变动并不剧烈的时代，也曾有皇帝执政几十年，开创了一段太平盛世。唐、宋、明、清都曾有过这么一段辉煌，他们轮值的时间是几十年，几十年后又换一位皇帝。曾经的传统产业也是七、八年换一次 CEO，也稳坐过一段江山。"[3]

---

[1] 田涛、吴春波：《下一个倒下的会不会是华为》，中信出版社 2017 年版

[2] 2000 年 3 月 20 日，任正非《一个职业管理者的职业和使命》

[3] 2012 年 4 月 23 日，任正非文章《董事会领导下的 CEO 轮值制度辩》

在他看来，过去的传统是授权于一个人，因此公司命运就系在这一个人身上。但成也萧何，败也萧何。历史证明，高度集权模式既是蜜糖，亦是砒霜。

20世纪90年代，集权式管理一度成为中国企业家热捧的管理秘籍，但随着行业的衰落，各路英雄陆续退出历史舞台，人们又开始将矛头对准当初奉为圭臬的集权式管理。比如巨人的史玉柱、三株的吴炳新便均奉行该秘籍。但后来，史玉柱却说："巨人的董事会是空的，决策是一个人说了算，因我一人的失误给集团整体利益带来了巨大的损失。"吴炳新也说："我们采取的是中央集权制，决策权过分集中，缺少智囊团，所以决策出现了一些失误，对公司的整体影响很大。"这些痛心疾首的总结为高度集权下了定论。

而轮值CEO制度的好处在于：轮值CEO是由一个小团队组成，由于和而不同，能操纵企业不灵活快速地适应环境的变化；他们的决策是集体做出的，也避免了个人过分偏执带来的公司僵化，规避了意外风险带来的公司运作的不确定性；轮值CEO成员在不担任CEO期间，并没有卸掉肩上的使命和责任，而是参与集体决策，为下一轮值做好充电准备；轮值期结束后并不就此退出核心层，于是避免了一朝天子一朝臣，使优秀员工能在不同的轮值CEO下，持续在岗工作。[1]

任正非再一次强调，在快速变动的社会，华为实在是找不到什么更好的办法。CEO轮值制度是不是好的办法，还需要时间检验。他希望外界对此不要百般挑剔，保持宽容。

事实证明，华为的轮值CEO制度是成功的，且已成为不少企业效仿的对象。2018年7月16日，京东商城发布公告开始实施轮值CEO制度。据媒体报道，马云在卸任阿里巴巴CEO时，也考虑过轮

---

[1] 2012年4月23日，任正非文章《董事会领导下的CEO轮值制度辨》

值 CEO 制度，而且阿里巴巴集团子公司——阿里大文娱实行的就是轮值总裁制。

2018 年，华为原董事长孙亚芳卸任后，华为将独创的轮值管理模式升级为"轮值董事长制度"：公司董事会及董事会常务委员会由轮值董事长主持，轮值董事长在当值期间是公司最高领袖。

只有否决权没有决定权的任正非依然做着自己的"甩手掌柜"，而华为仍在探索着适应未来的管理模式，努力地活下去。

就像任正非在《一江春水向东流》里所说："我们既要有信心，也不要盲目相信未来。历史的灾难，都是我们的前车之鉴。我们对未来的无知是无法解决的问题，但我们可以通过归纳找到方向，并使自己处在合理的组织结构及优良的进取状态，以此来预防未来。死亡是会到来的，这是历史规律，我们的责任是应不断延长我们的生命。"[1]

---

[1] 2011 年 12 月 15 日，任正非的文章《一江春水向东流》

家人永远不在接班人行列

轮值体系不仅是任正非从个人独裁到分权制衡的重大决策，更是特殊时期内对于"接班人"的一种制度安排。

2003 年，轮值主席体系诞生时，任正非 59 岁，已近花甲之年；2011 年，轮值 CEO 制度问世时，任正非 67 岁，早已过了国家法定退休年龄。在一个创始人生命周期逐渐走向夕阳的时期，谁是下一个"任正非"成为外界关注的焦点。

"华为的接班人是如何安排的？"多年来，任正非已经记不清有多少媒体问过这个问题。

作为中国第一民企，华为的接班人已然成了一场猜谜游戏。2010 年 10 月 26 日，大家猜的是任正非之子"任平"。这日，一条爆炸性新闻由社交平台蔓延至媒体："就在刚刚，传出华为总裁任正非逼走华为董事长孙亚芳及其亲信，为其子任平顺利接班铺平道路的消息。消息称，目前孙亚芳正在走离职程序，传华为赔偿其 9 亿元，还有一说是 14 亿元。"[1]

一场沸沸扬扬的"接班门"风波迅速引爆，任正非与华为被推至舆论的风口浪尖。在外界看来，这是一个嫡系为了"上位"而赶走非

---

[1] 2010 年 10 月 26 日，IT 商业新闻网报道

嫡系的大战。

在此之前，关于任平为任正非接班人的猜测已不胜枚举。前华为副总裁刘平撰写的《华为往事》里曾提到："任正非再伟大，也逃脱不了中国传统的'父业子承'的观念。在他的心中，他一手创建的华为帝国的最理想的继承人就是他的儿子任平。我记得以前看过一本关于IBM创始人老沃森和他的儿子小沃森的故事的书《父与子》。老沃森一手创办了IBM公司，把一个生产打孔机的小作坊发展成为生产计算机的国际大公司。但无论人们怎么劝说，老沃森在其任内就是不把IBM上市，他在等待他的儿子小沃森的成长。小沃森在年轻的时候是个小混混，吃喝玩乐，到处闲逛，到了30多岁才回到IBM公司。从公司销售员做起，在公司各个部门都工作过，最后在40多岁的时候，接过老沃森的班。小沃森上任后，大胆改革，组织开发了几款新型计算机，一举奠定了IBM在计算机领域的霸主地位，并成功地带领IBM上市。热衷于学IBM的任正非，当然希望沃森父子的故事在华为重演。"[1]

但后来的事实证明，任平并没有进入华为董事会。在任正非的嫡系亲属中，进入董事会的是任正非的女儿孟晚舟。

孟晚舟因此也成为媒体猜测的接班人之一。任正非多次对外表示，"孟晚舟永远不可能做接班人"，"华为从创立那一天开始确立的路线就是任人唯贤而不是任人唯亲的路线"，"华为公司有近七万的员工持有虚拟的受限股，他们将集体地决定公司的命运"，但关于接班人的猜疑从未停止。

2011年1月17日，任正非在市场大会上强调，华为的交接班是文化的交接班、制度的交接班、流程的交接班，而不是人传人的交接班，原因是制度性的交接班不会对公司的经营与发展产生重大影响。他说，

---

[1]刘平，《华为往事》

华为实行多年的 EMT 轮值主席制度，让所有成员轮流主持工作，历练水平，实际上就是在交接班，他的亲属永远不会进入接班人队列。[1]

在商场打拼多年，任正非早已对因家族纠纷陷入困顿的企业和企业创始人烂熟如心，诸如：真功夫与蔡达标、国美与黄光裕、赶集网与杨浩然、土豆网与王微……所以，在他的内心里，从一开始就没有产生家族企业的念头。公司里之所以有亲属，是因为他们都是凭借自己努力而存在：

> 我的家人中有四人在华为公司上班。我以前讲过，二十多年前，在兰州用背包带，背着小交换机，坐火车到各县、区推广的是我的亲人；在西乡工厂做过半年包装工，穿着裤衩，光着上身钉包装箱，后来又在四川装机搬运货物，损伤了腰椎的是我的亲人……临产前两三天还在上班，产后半月就恢复上班的是我的亲人。[2]

在《下一个倒下的会不会是华为》中，记录了一段往事："1999 年，笔者初识任正非。有一次，在深圳五洲宾馆的咖啡厅，任正非、笔者和一位陌生的中年学者一起品茶，该学者对香港、东南亚华人企业家的家族式管理模式人为推崇，认为这是东方商人的成功之道。任正非却极不耐烦地回应：我不关心李嘉诚、郑裕彤他们怎么做，反正华为的接班人是打出来的，谁有本事、服众、头脑开放、有胸怀、善于合作、懂得妥协，谁就是未来的领导者，而且我们是一群人，几个臭皮匠，慢慢就成长为诸葛亮了……也就是说，早在 20 年前，甚至更早，任正

---

[1] 2011 年 1 月，任正非在市场大会上的讲话

[2] 2013 年 3 月 30 日，任正非在持股员工代表大会的发言

非就确定，自己的子女不会接班。十多年来，当一些人不断炮制'儿女接班'的伪新闻时，华为的高层们从来都是付之一笑：媒体太不了解老板了。老板有世界级的野心，为了成功，他可以把绝大部分股权与大家分享，这就决定了从一开始他就没把华为当作家族企业。"[1]

2014年5月2日，经济学人Patrick Lane问任正非："华为目前继任的安排，是想找到一个人，还是想找到一种机制？"

任正非回答道："华为的轮值CEO制度最终想找到一个机制，但现在我们还不知道这个机制是什么样子。君主立宪制使英国稳定了三百五十年，这是否会对华为的机制有所启发？现在还不能肯定，我们会用哪种机制走这条路，我们的团队都在探索。"[2]

有了一定的体制，华为就不缺接班人了。

任正非对于华为接班人的要求是："除了以前我们讲过的视野、品格、意志要求之外，还要具备对价值评价的高瞻远瞩，和驾驭商业生态环境的能力。华为的接班人，要具有全球市场格局的视野，交易、服务目标执行的能力，以及对新技术与客户需求的深刻理解，而且具有不故步自封的能力。华为的接班人，还必须有端到端对公司巨大数量的业务流、物流、资金流简化管理的能力；这些能力我的家人都不具备，因此他们永远不会进入接班人序列。"[3]

一直以来，华为强调要从有成功实践经验的人中选拔干部，"猛将必发于卒伍，宰相必取于州郡"。而根据《华为基本法》对接班人的要求，华为公司的接班人也是在集体奋斗中从员工和各级干部中自然产生的领袖。

[1] 田涛、吴春波：《下一个倒下的会不会是华为》，中信出版社2017年版
[2] 2014年5月2日，任正非与英国媒体会谈纪要
[3] 2013年3月30日，任正非在持股员工代表大会的发言

管理学大师吉姆·柯林斯认为："企业的成功在于那个能够创立、领导企业的人。一个好的接班人计划是绝对重要的，只有在你的继任者成功之后，你才算交出了圆满的成绩单。别以为一卸任，你的表现就可以盖棺定论。如果你的接班人失败了，你也就失败了。企业家和企业建设者是两个截然不同的概念。例如，英特尔公司的戈登·摩尔、微软公司的比尔·盖茨、惠普公司的戴维·帕卡德，还有索尼公司的盛田昭夫，他们一开始是创业者，然后才成为企业建设者。对于那些想要创立公司、富有创业精神的年轻人来说，他们要做的第一件事就是转变，要对自己说：'我现在要从一个创业者转变为一个企业建设者。'卓越的创始人都是这样做的。"[1]任正非就是这样的卓越创始人。

---

[1] 2010 年 12 月 14 日，《财富》第 175 期封面报道《吉姆·柯林斯与中国企业领袖谈领导力》

奋斗者不能为懒惰者买单

华为越成功，任正非就越担心员工会懈怠、懒惰。

2017 年 2 月，外界都在讨论着这样一个传言：华为中国区开始集中清理 34 岁以上的交付工程维护人员，研发部门则是开始集中清退 40 岁以上的老员工。

任正非很无奈，难道华为应该为不奋斗的人买单吗？在随后的尼泊尔员工座谈会上，他回应说：

"网上传言员工 34 岁要退休，不知谁来给他们支付退休金？我们公司没有退休金，公司是替在职员工买了社保、医保、意外伤害保险等。你的退休得合乎国家政策。即使离职了，你也得自己去缴费，否则就中断了，国家不承认，你以后就没有养老金了。当然你们也可以问问在西藏、玻利维亚或战乱、瘟疫地区英勇奋斗的员工，征集他们愿不愿意为你们提供养老金，因为这些地区的奖金高。他们爬冰卧雪、含辛茹苦（挣来的钱），可否分点给你。华为是没有钱的，大家不奋斗就垮了，不可能为不奋斗者支付什么。30 多岁年轻力壮，不努力，光想躺在床上数钱，可能吗？"[1]

任正非心里知道，一个企业运作时间长了，员工就会自动产生惰

---

[1] 2017 年 2 月，任正非在尼泊尔员工座谈会讲话

性。这是人性，而他深谙人性。为了公司的长治久安，他认为有必要大胆裁掉少数丧失斗志、整日碌碌无为的"沉淀阶层"，提拔和引入一批勇于承担责任、富在进取精神的优秀人才。

任正非关于管理的"熵"理念就是反人性懒惰的体现。"熵"是一个来自于热力学的概念，寓意为一切最终都会走向灭绝。1944 年，薛定谔在《生命是什么》中将物理学概念引入生物学，提出了"负熵"。在他看来，生物赖负熵而生。按照热力学第二定律，大自然会从有序变为无序，即熵会不断增加；与之相反，生物会吸收环境中的功，而减少自身的熵，因而变得有序。

任正非吸收了物理学及生物学中"熵"的精髓。他认为企业要想生存就要逆向做功，把能量从低到高抽上来，增加势能，所以华为有了厚积薄发的理念；人的天性就是要休息要舒服，所以华为必须坚持以奋斗者为本，长期艰苦奋斗。[1]

为了让华为活下去，任正非一直在为杜绝人性懒惰而奋斗。他有一句广为流传的经典名言：真正的人力资源策略都是反人性惰怠的。

"比如人习惯于按部就班，一步一步晋升上去，但是这样晋升的结果是，会埋没了那些独特的人才，也会让人不愿意打破常规，慢慢懈怠下来。所以晋升应该可以打破常规，可以不拘一格提拔人才。"[2]

因此，他要求华为的薪酬激励制度必须向奋斗型员工、优秀员工倾斜。他在《天道酬勤》中说道：

> 奋斗就是付出，付出了才会有回报。多年来，华为秉承'不让雷锋吃亏'的理念，建立了一套基本合理的评价机制，并基于

---

[1] 田涛、吴春波：《下一个倒下的会不会是华为》，中信出版社 2017 年版
[2] 公众号《春暖花开》，与任正非等人的谈话

评价给予激励回报。公司视员工为宝贵的财富，尽力为员工提供好的工作、生活、保险、医疗保健条件，为员工提供业界有竞争力的薪酬，员工的回报基于岗位责任的绩效贡献。

在华为，80%以上的员工具有本科学历，硕士、博士生也是逐年增加，但华为并不是根据学历来定薪酬，而是按业绩、能力和贡献来确定，并坚决彻底地向优秀员工保持倾斜。关于如何给员工定薪酬的问题，1998年任正非在《华为的红旗到底能打多久》中专门写道：

> 我们在报酬方面从不羞羞答答，坚决向优秀员工倾斜。我们坚决推行在基层执行操作岗位，实行定岗、定员、定责、定酬的以责任与服务作为评价依据的待遇系统。以绩效目标改进作为晋升的依据。
>
> 我们坚决执行不断继承和发展的，以全面优质服务为标准的管理体系的绩效改进评价系统。"[1]

2002年下半年，当华为进入规范化的发展模式，由激情四射的"狼性"文化阶段过渡到了制度化规范化管理阶段，创业激情和主动意识逐渐淡化，公司高层开始出现明哲保身现象，开会出现一言堂，谁的官大谁说了算。当市场上任何不好的声音、公司内部的任何负面消息都传不到任正非的耳朵里时，任正非紧急召开了全公司中高层领导参加的人力资源大会，专门讨论如何解决目前员工中存在的斗志不足问题。

为此，任正非还专门发表了题为《我们必须用内心之火、精神之

---

[1] 1998年，任正非《华为的红旗到底能打多久》的讲话

光点燃部属必胜的信念》的讲话，希望高层领导能够让员工重新焕发往日的激情，一起挺过最艰苦的几年。

为了激发员工的主动性和创造力，为了避免员工成为"做一天和尚撞一天钟"的"太平公主"，华为的人力资源部门不只采取了薪酬激励，必要的时候，也会进行降薪。

2003 年，华为发动了一场降薪运动。公司发动号召，要求中层以上的干部自愿提交"降薪"申请。这次运动，普通员工没有被要求参加。结果是，上至总裁、董事长，下至普通中层管理干部，薪水都降低了两成左右。

降薪是在公司业务不景气时为避免裁员造成人才流失而采取的措施，目的也是确保干部队伍的稳定。同时，这种自动降薪的举措，也是对员工主人公意识的考验。能与公司休戚与共、共担风险的员工，才是企业需要的员工。在加薪成为家常便饭的时候，降薪实非人人所情愿。因而华为的这场降薪运动，更深层次的目的，还是"不断向员工的太平意识宣战"。

正是一系列反人性懒惰的人力资源策略，华为的员工们才能够在无论多大的困难面前都保持着艰苦奋斗的传统，任正非也因此建立了一支召之即来、来之能战的队伍，并且还逐渐形成了独到的中国式商业思想。

第八章

自我约束，自我批判

　　"自我批判"是融入任正非血液的精神要素之一。他曾说自己唯一的优点就是自我批判，所以他进步最大。他也说过，世界上只有善于自我批判的企业才能活下去。在他的带领下，华为始终坚持着自我批判的革命精神，最终实现了脱胎换骨的变化。

自我批判的组织保障

华为的成功有很重要的一个原因，就是在无论什么情况下，始终保持居安思危的忧患意识和危机意识。

任正非在大学时代就系统学习了四卷《毛泽东选集》，参军入伍后他因为学习《毛泽东选集》有深刻的心得体会而获得"学毛选标兵"荣誉称号。他对毛泽东的军事理论、群众路线以及矛盾的辩证统一等理论都有很深刻的领悟。有人说，毛泽东的军事理论是弱者战胜强者的致胜法宝。一个处于极端弱势的人如果会灵活运用这些理论，迟早走向强大；一个处于不利地位的企业，如果能对这些理论学以致用，早晚也会强大。

作为军人出身的商人，任正非在经商的过程中，无论是企业的内部管理还是市场营销，无时无处都体现出对这些理论的活学活用，比如"集中兵力、各个击破"等市场策略就是来源于毛泽东的军事理论。

而任正非提出的"自我批判"理论，更是毛泽东"批判与自我批判"理论的翻版。从这一点上来说，任正非十分赞同毛泽东发明的一种叫做"运动"的社会变革方式。他吸纳了这种"为了防止组织的病变和国家的疲劳"而每隔三五年就要搅起的思想旋风，并力图将社会各阶层都席卷进去，以摆脱个人和组织的惰性，摘除不良的组织细胞，从而使组织充满活力和激情的做法。只不过他在治理企业的过程中做了很大的修正。他将这种发起"运动"的方式简明扼要地概括为"自我批判",并将之写入 1998 年定稿的《华为基本法》。他的表述是:

> 我们要不断地自我批判,不论进步有多大,都要自我批判,世界是在永恒的否定中发展的。
>
> 华为是否垮掉,完全取决于自己,取决于我们的管理是否进步,就在于两个方面:一是核心价值观能否让我们的干部接受,二是能否自我批判。"

此后在许多场合,任正非对"自我批判"都有新的阐述。他在 2004 年撰写的《要从必然王国走向自由王国》一文中,更加肯定地提出:

> 世界上只有那些善于自我批判的公司才能存活下来。[1]

军人出身的任正非知道战争的残酷,也知道商海的无情,唯有自我批判才能存活,他必须将这种批判彻底进行下去。为了使自我批判不流于形式,多年来,在任正非的主导下,华为成立了多个担当着"自我批判"功能的组织或平台。

2006 年,华为成立了自我批判委员会,目的是为相关部门乃至整个公司的自我批判活动的制度建设及实施监督等提供政策指导和组织保障。

同年,华为成立了"蓝军参谋部"。值得一提的是,"红军"和"蓝军"曾经是任正非用来接纳不同思想、不同思维模式,倾听不同声音的战略发展平台。后来,红蓝军渐渐形成了一种对抗体制和运作平台,

---

[1] 2004 年,任正非《要从必然王国走向自由王国》

"红军"代表现行的发展战略模式，"蓝军"代表主要竞争对手或创新型的战略发展模式。在与欧美巨头争夺市场的过程中，"蓝军"的地位日益凸显。"蓝军"的任务主要是对当前的战略思想进行反向分析和批判性辩论，在技术层面寻求差异化的颠覆性技术和产品。2008年，《任正非在研委会第三季度例会上的讲话》指出：

> "红军"和"蓝军"两个队伍同时干，"蓝军"要想尽办法打倒"红军"，千方百计地钻他的空子，挑他的毛病。"红军"的司令官以后也可以从"蓝军"的队伍中产生。"蓝军"拼命攻"红军"，拼命找"红军"的毛病，过一段时间可把原来"蓝军"中的战士调到"红军"中做团长。有些人特别有逆向思维，挑毛病特别厉害，就把他培养成为"蓝军"司令，"蓝军"的司令可以是长期固定的，"蓝军"的战士是流动的。每个产品线都应该增加一个标准队伍、一个总体队伍、一个蓝军队伍。不要怕有人反对，有人反对是好事。

2008年，华为又上线了"心声社区"平台。心声社区上有一个"自我批判区"，划分为"组织自我批判"与"干部与员工自我批判"。在任正非看来，心声社区就好比一个"罗马广场"：

"公元1世纪至5世纪是人类文明繁荣的历史时期，那时没有互联网、没有电话，但是不要认为很落后，民主制度、雅典法典、罗马法典、议会制度……都来源于那个时候，因为每个人都可以站在罗马广场上阐述自己的观点，天才成批涌现。"[1]

2014年2月，华为成立了"公司道德遵从委员会"，主要职责包

---

[1] 2016年，任正非与Fellow座谈会上的讲话

括员工沟通与核心价值观传播、干部员工作风监督与诚信教育、荣誉激励与营造积极向上氛围，等等。

任正非对于道德遵从委员会的定义是：

"道德遵从委员会虽然是一个自下而上产生的组织，但也是一个目标明确的组织，我们的目标是'多产粮食，增加土地肥力'。道德遵从委员会不是一个政治组织，无论在国内、国外，都不要去过问政治。我们是理工科出身，不懂政治，不要从互联网听来一星半点内容，一知半解就去指点江山、激扬文字，（这样做）可能会误导社会。第二，我们要求内、外合规，不允许任何人在国内、国外参与非法活动。"[1]

此外，华为还有不少自我批判的组织或平台，比如《华为人》报、《管理优化》报，以及"民主生活会"等。

任正非曾说，自我批判是无止境的，就如"活到老学到老"那样，"学到老"就是自我批判到老。正是在这些组织和平台的保障下，华为在不断的自我批判中纠错并成长。比如2008年，华为计划将子公司华为终端出售给贝恩资本，而"蓝军"发现了终端的重要性，并提出了云计算结合终端的"云管端"战略，从而及时制止了华为"脱手"终端业务。到了2013年，华为终端已经成为仅次于苹果和三星的全球第三大手机厂商。

而对于华为来说，自我批判已经成为生死存亡的决定性因素。有一次，AIG公司创始人格林伯格问任正非："华为成功的关键原因是什么？"任正非的回答非常明确："自我批判。华为总是在自我否定中不断前进。"

---

[1] 2017年，任正非在公司道德遵从委员会第二次代表大会上的讲话

绝不允许堡垒从内部打破

古往今来，腐败都是组织绕不开的典型病症。

在清代，和坤就是一位典型的腐败代表，他利用职务之便聚敛的财富，超过了清政府十五年财政收入的总和。在现代，由于腐败行为的存在，反腐已经成为中央从严治党的重要举措。

企业亦如此，腐败几乎是所有大企业的通病。有着 30 多年创业历史的华为也不例外。

任正非深知"堡垒是从内部打破的"，华为最大的敌人其实不是别人，而是自己。他虽然倡导"妥协"的思想，也曾说过："宽容是领导者的成功之道。只有宽容才会团结大多数人与你一起认知方向，只有妥协才会使坚定不移的正确方向减少对抗，只有如此才能达到你的正确目的。"但他口中的"妥协"并不是针对那些不想干事、不能干事，甚至是干贪污腐败一类坏事的人。任何时候，他对这类人都是猛烈炮轰，一票否决。因为公司要团结的是有意愿、有能力、能干成事的员工，而不是为了团结而团结。对于不想干事、不能干事，甚至贪污腐败的员工，要么换岗，要么淘汰。

早在 1998 年，在华为有了十年的奋斗历史之际，任正非就在公司内部做出警告："目前，华为的少数人身上出现了生活作风腐化的苗头，对此，公司是绝对不会让步妥协的，否则，我们的集团又怎能做大事呢？"

2005 年 12 月，在 EMT（经营管理团队）民主生活会上，EMT 成员共同认识到：企业最大的风险来自于内部，来自于高层。作为公司的领导核心，他们要正人须先正己，以身作则，以免"上梁不正下梁歪"。于是，会议通过了《EMT 自律宣言》，要求在此后的两年时间内完成 EMT 成员、中高层干部的关联供应商申报与关系清理，并通过制度化宣誓方式层层覆盖所有干部，接受全体员工的监督。

从《EMT 自律宣言》的具体内容中，可以窥见任正非贯彻自我批判的决心：

华为承载着历史赋予的伟大使命和全体员工的共同理想。18 年来我们共同奉献了最宝贵的青春年华，付出了常人难以承受的长年艰辛，才开创了公司今天的局面。要保持公司持久的蓬勃生机，还要数十年地继续艰苦奋斗下去。

我们热爱华为正如热爱自己的生命。为了华为的可持续发展，为了公司的长治久安，我们要警示历史上种种内朽自毁的悲剧，绝不重蹈覆辙。在此，我们郑重宣誓承诺：

1. 正人先正己，以身作则，严于律己，做全体员工的楷模。高级干部的合法收入只能来自华为公司的分红和薪酬，除此之外不能以下述方式获得其他任何收入：绝对不利用公司赋予我们的职权去影响和干扰公司各项业务，从中牟取私利，包括但不限于各种采购、销售、合作、外包等，不以任何形式损害公司利益。不在外开设公司、参股、兼职，亲属开设和参股的公司不与华为进行任何的关联交易。高级干部可以帮助自己愿意帮助的人，但只能用自己口袋中的钱，不能用手中的权，公私要分明。

2. 高级干部要正直无私，用人要五湖四海，不拉帮结派，不在自己管辖范围内形成不良作风。

  3. 高级干部要有自我约束能力，通过自查、自纠、自我批判，每日三省吾身，以此建立干部队伍的自洁机制。

  我们是公司的领导核心，是牵引公司前进的发动机。我们要众志成城，万众一心，把所有的力量都聚集在公司的业务发展上。我们必须廉洁正气、奋发图强、励精图治，带领公司冲过未来征程上的暗礁险滩。我们绝不允许"上梁不正下梁歪"，绝不允许"堡垒从内部攻破"。我们将坚决履行以上承诺，并接受公司审计和全体员工的监督。"[1]

两年之后的 2007 年 9 月 29 日，华为在公司总部召开了第一次《EMT 自律宣言》宣誓大会，任正非、孙亚芳、郭平等 EMT 成员站成一排，举起右手集体宣誓。

集体宣誓结束后，几位 EMT 成员又分别单独宣誓。其中，任正非在宣誓中字正腔圆地说：

  从我创办华为担任总裁的那一天起，就深感置身于内外矛盾冲突的漩涡中，深感处在各种利益碰撞与诱惑的中心，同时也深感自己肩上责任的沉重。如何从容地应对各种冲突和矛盾，如何在两难困境中果断地抉择和取舍，如何长期地抵御住私欲的诱惑和干扰，唯有彻底抛弃一切杂念，否则无法正确平衡各方面的关系。这是我担任总裁的资格底线，这也是我们担任公司高级干部的资格底线。只有无私才会公平、公正，才能团结好一个团队；只有无私才会无畏，才能坚持原则；只有无私，才敢于批评与自

---

[1] 2005 年，华为通过的《EMT 自律宣言》

我批评，敢于改正自己的缺点，去除自己的不是；只有无私才会心胸宽广，境界高远，才会包容一切需要容纳的东西，才有能力肩负起应该承担的责任。我郑重承诺：在任期间，决不贪腐，决不允许亲属与公司发生任何形式的关联交易，决不在公司的重大决策中，掺杂自私的动机。

此后，华为的各部门、子公司多次开展了宣誓活动。任正非也在多个场合里强调了腐败的弊端，比如 2011 年任正非发表演讲《成功不是未来前进的可靠向导》，指出：

我们要欢迎那些胸怀大志、一贫如洗的人进入华为。他们将是华为一支很强的生力军。在这种情况下，华为会更有战斗力……我们像双翼的神马，飞驰在草原上。没有什么能阻碍我们前进的步伐，唯有我们内心的惰怠与腐败。[1]

这种对抗腐败的自我批判精神一直被华为延续至今。多年来，尽管誓词有所变更，尽管被外界冷嘲热讽为"形式主义"，但任正非与华为的高级干部们几乎每年都坚持着宣誓活动，他们最终的目的只有一个——绝不允许堡垒从内部打破。

而即便是一如既往地坚持着，任正非的脑海中仍然挂着一个问号：腐败真的能杜绝吗？

---

[1] 2011 年，任正非发表的题为《成功不是未来前进的可靠向导》的演讲

腐败就是组织的毒药

尽管华为任正非与一众高官们喊出了"绝不允许堡垒从内部打破"的口号，但在华为内部，腐败还是在暗中滋生。

2014年9月4日，一场无声的硝烟在华为蔓延开来。这一天，华为近200家企业业务部的经销商们怀着慌张的心情，从全国各地匆忙赶往华为培训基地主培训楼一楼会议室。

会议室的门口已经有人在迎接他们，他们签完到后陆续入座。等待期间，他们一个个脸上神情凝重，一场严肃而又隆重的反腐大会即将开始。会议的内容很明确：一是通报华为在企业业务领域内部反腐的情况；二是探讨如何用制度来化解华为经销商和华为员工之间的腐败危机。

用华为高管的话来说就是华为的腐败问题非常严重，涉及"历任、多人、多家、团伙"。据华为内部统计，截至2014年8月16日，已查实内部有116名员工涉嫌腐败，其中4名员工被移交司法处理，有69家经销商被卷入其中，足以见得涉及范围之广以及腐败之严重程度。

之所以召开反腐大会，或许是因为任正非希望通过运动的形式给所有华为人敲响警钟。在他眼里，腐败就是组织的毒药，而且是致命的毒药。他的这种看法并非没有来头，行业里早有因腐败而险些丧命的案例，例如曾轰动一时的"朗讯门"，公司因此臭名昭著，内部也因此人心惶惶。无独有偶，GE、西门子也曾被爆存在腐败行为，并因此丑闻而震惊世界。

所以即便是动了同一个战壕里许多战友的奶酪，这场运动也必须展开。而"有必查，查必彻"是华为此次反腐运动的准则。

在反腐大会上，任正非再一次强调了腐败的危害性，他说：

> 如果公司任由腐败发生，不在制度上作更多改进和强化教育，公司就会走向灭亡。因此这些年在反腐上，你们的贡献很大，而且担负了一定压力，你们还需要上战场、拼刺刀，对个人是有风险的。[1]

他在反腐大会上提出了四点要求：（1）坚持推行流程责任制，业务主管和流程 OWNER 要真正承担起监管的责任；（2）加强司法威慑，问责标准逐年收紧，三年达到与法律标准对齐；（3）在政策收紧的同时延续自我申报政策，体现宽严相济，治病救人的原则；（4）审计要多学习先进方法，增强系统数据的分析能力，加强制约管理，就像心脏要切片一样，切片对照检查后就很清楚，即使抓不到责任人，有正确的制约管理机制出来也挺好。[2]

在反腐大会结束后不到一个月的时间里，为了进一步倡导廉洁自律、防止腐败，华为在官网上增设了阳光通道——"除名查询"模块。据此，华为表示："除了司法方式可以增大对员工的威慑以外，将员工在华为工作期间的违规行为在社会上公开，对员工来讲也是一种威慑，会减少员工'大不了就辞职，再找个单位也不难'，或者'打一

---

[1] 2014 年，任正非在反腐大会上的讲话

[2] 同上

枪换一个地方'的想法或侥幸心理。正常情况下，任何公司或组织都不愿意雇佣一个在前公司有不良行为表现的员工，尤其是会把重大违纪行为作为红线，直接拒绝雇佣。"

不只是企业BG（business group），消费者BG也在内部为反腐而战。早在2014年7月，华为消费者BG的CEO余承东发表过一篇半年总结内部信。在这封内部信中，余承东重点谈的是：如何自律、抵制诱惑，防腐败、反腐败。他发自内心地希望所有员工在实现事业梦想的道路上不掉队："我们这个年纪，上有老、下有小，每个人身上都是有责任的。华为提供的收入水平，加上我们不让雷锋吃亏的激励机制，只要我们勤奋工作，我们及家庭的生活是可以过得有尊严的。我和很多华为主管都是从基层干起来，到今天，大家不再有衣食之忧，更多去享受工作的快乐与自由，证明华为的分配机制是公平的。一时贪念，惴惴不安，不义之财终究藏不住，还会吐回，更会坐牢而失去自由。是非选择，后果责任，一定要时刻警醒，想清楚。[1]"

余承东通过内部信动之以情、晓之以理地描述了贪腐对于家庭的危害："要知道，触犯法律造成的影响，对家庭的打击是毁灭性的！幸福的家庭可能瞬间破碎，兄弟姐妹，当警醒、当三思。这些掉队兄弟们都还年轻，正在事业和人生的黄金时期，因一时贪念身陷囹圄，名誉扫地。很多人名牌大学毕业，层层选拔加入公司，本是非常优秀的，一旦东窗事发，自己人品口碑扫地，更令师长、父母亲人蒙羞，一生蒙上污点。"

中国青年报在报道中评论称："华为真正的目标只有发展，腐败只是影响其发展的一个因素。所以，在发展的道路上，华为人反腐败某种程度上像是清除内奸。每一次的'锄奸'行动，都能让华为人更

---

[1] 2014年，余承东发布的内部信

加振奋，给公司注入更多激情。反腐的目的在于凝聚人心，形成更强烈的内部认同感。"[1]

的确如此，任正非也曾表达类似的意思：公司不因腐败而不发展，也不因发展而宽容腐败。[2]

有人说，华为反腐运动的自我批判其实是把伤疤揭开了给外人看，任外界评头论足。任正非认为：自我批判，不是自卑，而是自信，只有强者才会自我批判，也只有自我批判才会成为强者。人类探索真理的道路是否定、肯定、再否定，是不断反思，自我改进和扬弃的过程。

就像他的一句经典名言："从泥坑里爬起来的人就是圣人。"

---

[1] 2017年，《中国青年报》的报道 "华为内部存在类似黑帮文化 反腐像是清除内奸"

[2] 2016年12月，任正非在华为监管体系座谈会上的讲话

所有干部都应该不要"脸"

为了激发所有干部进行自我批判，任正非曾在华为内部要求干部不要"脸"。在他看来，只有不要"脸"的人，才能进步。

他说："所有干部都应该不要'脸'，要'脸'的干部没多大出息。为什么？好'面子'的干部，怎么能做到'三人行，必有我师呢'？没有'三人行，必有我师'，你又怎么能提高呢？谁最要'脸面'？是那些没有学问、没有本事的人！我最不要'面子'，因为我知道自己有本事，我不怕任何人批评我，批评对了，我就承认错误。我公开承认自己有缺点、存在问题。"

"我们是为面子而走向失败，走向死亡？还是丢掉面子，丢掉错误，迎头赶上呢？"

在任正非的领导下，"自我批判"的文化已经被植入华为所有干部的血液之中。华为干部自发地进行自我批判的例子有很多，比如马电事件。

2010 年 8 月 5 日，时任华为董事长的孙亚芳收到了一封来自马来西亚电信 CEO 的投诉邮件。在邮件中，马来西亚电信 CEO 用委婉的说辞隐晦地表达了对华为工作的失望与愤怒："非常遗憾，在过去的几个月中，华为的表现并没有达到我们对于一个国际大公司的专业标准的期望……多个问题引起我们管理团队的高度关注和忧虑：（1）合同履约符合度（产品规格正配）和交付问题：在一些合同发货中，设备与我们在合同定义、测试过程中不一致；（2）缺乏专业的项目管理动作（方式）：在我们反复申诉中，我们刚刚看到华为在跨项目协同方面的一些努力与起色，但是在网络中，仍然存在大量缺乏风险评估的鼓励变更……（3）缺乏合同中要求的优秀的专家资源……"[1]

这对于华为来说，无异于当头棒喝。是什么让马来西亚电信 CEO 陷入如此的失望和愤怒？5 天后，国外出差归来的孙亚芳看到该投诉信后，意识到事情的严重性。她开始出面解决问题，并带头对马电项目进行全程复盘。而在此前，即便是该邮件被投进了华为销服总裁、亚太片区总裁、南太地区部总裁、马来代表处代表以及马电系统部相关人员的邮箱，但 5 天里马来西亚电信 CEO 的邮件却如石沉大海，杳无回音。

2011 年，《华为人》上发表了一篇文章，题为《我们还是以客户为中心吗？》。这篇文章长达 2 万多字，共 6 章 27 节，对马来西亚电信 CEO 的投诉进行自我批判。文章复盘了华为一步步走向泥潭的原因、危机爆发的过程、危机爆发后华为的解决过程，以及华为的反思。

文章中发出了连珠炮似的发问：以客户为中心在我们脑子里是否真的扎下了根？我们能做到真诚地倾听客户的需求，认真地体会客户的感知吗？我们曾经引以为豪的方法、流程、工具、组织架构在市场的新需求下变得如此苍白无力。在未来的竞争中，我们还能帮助客户实现其价值吗？能真正成就客户吗？"

文章末尾再次强调了"以客户为中心"的重要性："以客户为中心，可以成为天才；以领导为中心，就会成为奴才；以自我为中心，则会变成蠢材。华为人，你如何选择？"

---

[1] 2011 年，《华为人》，我们还是以客户为中心吗？

特别是，这篇文章点名了不少华为干部。他们也在接受《华为人》采访的时候进行了自我批判。比如时任销服总裁的徐文伟说道："我们还有一个表现，就是不听客户需求。以我为主，总是想说服客户接受我们的产品，最后逼得没办法，我们才会去做，这一方面有很多案例。"

曾在销售、产品线等十来个岗位上担任过高管的邓飚表示："孙总（孙亚芳）第一次就 TM 事件打电话时，我吓了一跳，下意识地自我保护说：我的问题已经解决完了，需要的话我可以去……"

这样的自我批判在华为的成长历程中不只有"马电事件"。早在 2000 年 9 月，华为党委组织召开"研发体系发放呆死料、机票"活动暨反思交流大会，共有 6000 余人参加。任正非说，会议目的是将多年来由于工作不认真、BOM 填写不清、测试不严格、盲目创新造成的大量废料作为奖品发给研发系统的几百名骨干，让他们牢记教训，并一代一代传下去。

2013 年 10 月，华为常务董事会向全体管理者发布了《关于深入开展"炮轰华为"学习与改进的通知》，任正非亲自写了引言："我们请了客户来公司向董事会报告，他们眼中的华为是怎么样的。他们已经十分客气，炮火已打了折扣，但仍然是炮声轰轰、火光冲天。华为不警觉，有可能在炮火中灭亡。"

在后来的一次演讲中，任正非说：

> 2013 年，董事会成员都是架着大炮"炮轰华为"；中高层干部都在发表《我们眼中的管理问题》，厚厚一大摞心得，每一篇文章的发表都是我亲自修改的；大家也可以在心声社区上发表批评，总会有部门会把存在的问题解决，公司会不断优化自己的。[1]

---

[1] 2013 年 10 月，任正非在华为 2013 年度干部工作会议上的讲话

正是这种"自我批判"的传统，使得华为从只有几名员工的微小企业发展成拥有十多万员工的大企业。不管是哪个时期，华为始终保持着激情，充满着活力；始终在进步中变革，在变革中进步；始终在向怠惰宣战，在自我否定中求得发展。

需要说明的是，华为的自我批判不是为了批判而批判，不是为了全面否定而批判，而是为了优化和建设而批判，总的目标是导向公司整体核心竞争力的提升。所以任正非多次在讲话中告诫高管们，要经得起自我批评。

"将军是不断从错误中总结，从自我批评中成长起来的。"[1]

"高级干部内心强大的表现是经得起批评，真金不怕火炼。世界上肯定会有不同意见，我们一定要有战略自信，这个自信首先是不怕别人批评。"[2]

······

在任正非看来，自我批判自古就有。几千年前的曾子"吾日三省吾身"；孟子"天将降大任于斯人也，必先苦其心志，劳其筋骨，饿其体肤，空乏其身，行拂乱其所为，所以动心忍性，曾益其所不能"；毛泽东同志在写文章时，要求"去粗取精，去伪存真，由表及里，由此及彼"，都是自我批判的行为典范。没有这些自我批判，就不会造就这些圣人。[3]

---

[1] 2007年，任正非在独联体片区上的讲话

[2] 2017年，任正非在市场工作大会上的讲话

[3] 2007年，任正非在独联体片区上的讲话

任正非炮轰任正非

任正非不仅要求干部们不要"脸"，他对自己的要求同样如此。他曾多次声明，在华为，他最不要"脸"，所以他进步最快。"我唯一的优点是自己有错能改，没有面子观。"

所以，他对自己的批判一直都不留任何情面。

2018年1月17日，华为内部下发了一份《对经营管理不善领导责任人的问责通报》。通报声称：近年，部分经营单位发生了经营质量事故和业务造假行为，公司管理层对此负有领导不力的管理责任。经董事会常务委员会讨论决定，对公司主要责任领导做出问责，并通报公司全体员工：任正非罚款100万；郭平罚款50万；徐直军罚款50万；胡厚崑罚款50万；李杰罚款50万。

这则通报由任正非本人签发。因此，从某种意义上讲，这也是任正非的自罚通报。

在自罚通报发出来的当日，任正非在"烧不死的鸟是凤凰，在自我批判中成长"专题仪式上，发表了《从泥坑中爬起来的是圣人》的讲话。他慷慨激昂地说：

> 我们面临的时代空前伟大，信息社会、智能社会我们还根本不能想象，华为刚启航的航母正需要成千上万英雄划桨。担负时代命运的责任，已经落到了我们肩上，我们还有什么个人的小

九九不能放下。任何一个时代的伟大人物都是在磨难中百炼成钢
的。矿石不是自然能变成钢，是要在烈火焚烧中去掉渣子，思想
上的煎熬、别人的非议都会促进炉火熊熊。缺点与错误就是我们
身上的渣子，去掉它，我们就能变成伟大的战士。在伟大时代的
关键历史转折关头，跟上去，超过它，勇担责任重担，向着光明，
向着大致正确的方向前进。作为伟大公司的一员，光荣、自豪。
永远不要忘记自我批判，摩尔定律的核心就是自我批判，我们就
是要通过自我批判。自我迭代，在思想文化上升华，步步走高，
去践行人生的摩尔定律。

严格来说，创始人自罚事例在企业界虽不多见，但任正非也不是
个例。与华为一样奉行军事化管理的长城汽车就是一个典型的例子。

在任正非宣布自罚的一个多月后，长城汽车也宣布：鉴于 2017 年
长城汽车年销量不佳，未达到既定销售目标，董事长魏建军、总裁王
凤英分别自罚 300 万元和 200 万元。据媒体报道，长城汽车 2017 年的
销售目标是 125 万辆，却仅完成了 107 万辆，同比下降 0.4%。

与长城汽车不同的是，从财报数据来看，华为的业绩其实是增长的。
据华为 2017 年年报显示，这一年华为实现了全球销售收入 6036 亿人民
币，同比增长 15.7%；净利润达到了 475 亿人民币，同比增长 28.1%。

但任正非并不满足于现状，他认为华为可以更好，再更好。新华
网记者在采访任正非时，与他有过下面一段对话。[1]

记者说："华为 2017 年的业绩非常好。"

任正非回答道："其实我们做得不好。去年我们公司有一个活动
叫'烧不死的鸟是凤凰'，当时处理了大量高级干部,很多人都是降两级。

---

[1] 2018 年 4 月 5 日，新华网，《华为，下一步如何作为——对话任正非》

我也是被处分对象之一，轮值 CEO 都被处分了。为什么？就是要以此来警戒我们公司管理要走向更加科学化。"

记者再次发问道："您会不会担心，华为到了今天的体量，在管理上会存在大企业病？"

任正非毫不掩饰地回答："我认为我们现在大企业病应该是很严重的，人力资源管理纲要 2.0 的目的，其实就是批判我们自己，如何能精简组织，提高效率。高研班在研讨时，都是公司高层领导作为引导员。有高层领导自我批判，说曾经对人的管理都是科学管理，现在怎么变成了数学管理？这就是僵化教条了，机构太庞大、太沉重了。这样董事会成员带头炮轰华为，促进全公司警醒。当然，这些问题也不是一朝一夕能解决的。先炮轰，然后一点点小改革。我们只要看到了方向，就能慢慢改革，提高效率。"

在上述对话中，任正非解释了为何炮轰自己、炮轰华为的原因——以此来警戒公司管理要走向更加科学化。

从历史的维度来看，这是任正非创立华为以来的第一次自罚，但却不是他第一次炮轰自己。

金无足赤，人无完人。任正非知道自己不是一个完美的领导者。他曾不无感慨地说："我一生有过这么多经历，我批评别人很多，我自我批评更多。每天都想哪些事情做对了，哪些做错了。"

早在 2008 年，在《从泥坑里爬起来的人就是圣人》一文中，他就说自己没什么了不起：

> 别人说我很了不起，其实只有我自己知道自己，我并不懂技术，也不懂管理及财务，我的优点是善于反省、反思，像一块海绵，善于将别人的优点、长处吸收进来，转化成为自己的思想、逻辑、语言和行为。

2016 年 1 月 27 日，任正非在为《华为的宿敌思科，诞生爱情土壤中的技术之花》这篇文章所写的引言中再次炮轰了自己：

"我不如钱伯斯。我不仅倾听客户声音不够，而且连听高级干部的声音也不够，更不要说员工的声音啰！虽然我不断号召以客户为中心，但常常有主观臆断。尽管我和钱伯斯是好朋友，但又真正理解他的优点有多少呢？"[1]

任正非不仅自己炮轰自己，他还允许别人炮轰自己。

2018 年，华为高管列出了涉及其管理思想及其相关工作机制的"十大条"，可谓麻辣而又犀利：（1）任总的人力资源哲学思想是世界级创新，但有的时候指导过深过细过急，HR 体系执行过于机械化、僵硬化、运动化，专业力量没有得到发挥；（2）不要过早否定新的事物，对新事物要抱着开放的心态，让子弹先飞一会儿；（3）工资、补贴、奖金、长期激励机制等价值分配机制需要系统梳理和思考；（4）不能把中庸之道用到极致，灰度灰度再灰度，妥协妥协再妥协；（5）干部管理要在风险和效率上追求平衡；（6）要重视专家，强化专家的价值；（7）反思海外经历适用的职务范围的问题；（8）不能基于汇报内容、汇报好坏来否定或肯定汇报人员；（9）任总的很多管理思想、管理要求只适用于运营商业务，不能适用于其他业务；（10）战略预备队本来是"中央党校"，但由于实际运作执行问题，结果变成了"五七干校"。

一直以来，任正非以低调沉稳、危机意识强烈、志存高远、勤俭朴素的形象为中国商业界所熟知，全世界也都希望透过蛛丝马迹、只言片语来剖析华为崛起的秘密。

如果说自我批判是华为保持基业长青的秘密之一，那么，"任正非炮轰任正非"就是保证华为一直走在正确方向上的其中一个秘密。

---

[1] 2016 年，任正非为《华为的宿敌思科，诞生爱情土壤中的技术之花》一文写的引语

第九章

管道策略

　　任正非有一个外号叫做"任大傻"。他这"傻"体现在不为短期挣钱机会所左右，不急功近利，不为单一规模增长所动，敢于放弃非战略性机会。多年来，华为只做了一件事，就是坚持管道战略，集中资源在企业网、终端、华为云等管道上。

企业网：拳头握紧才有力量

华为与企业网之间的故事要追溯到 2003 年。

这一年，为了对抗思科，华为与美国 3Com 成立合资公司华三（H3C）。华三成立后，华为不断向其注入企业网业务。但在 2006 年，3Com 全资收购华三。2008 年，华为意与贝恩资本联手收购 3Com，最终败给了惠普。

在此期间，任正非为了更好地服务于企业，将企业产品独立为企业业务产品线，企业网的征程由此开始。华为与思科以及曾经与华为有着千丝万缕关系的华三再次在同一赛场上厮杀。

但从一开始，企业网就是一个"爹不疼、娘不爱"的孩子。作为老父亲，任正非对企业网的期望是白手起家，自生自灭，别指望从"爹妈"手里要钱。任正非说，公司其实是把企业网的员工当做"小狐狸"，并把他们放进企业网的"沙漠"里。活下来就是英雄，活不下来，企业网业务也会随之关闭。[1]

他用通俗的话解释了让企业网自负生死的原因："爸爸妈妈扶植孩子走向市场，不可能扶一辈子，爸爸妈妈会死得早一点，所以历史

---

[1] 2014 年，任正非在企业业务座谈会上的讲话

上从来都是父母不宠爱的孩子，才是最有出息的。"[1]

尽管如此，任正非内心深切地希望企业网能够"出人头地，为父争光"。过去的二十多年里，尽管华为获得了无数荣耀，华为的业务遍布全球，华为的产品日益壮大，但不得不承认，华为大部分的营收来自于运营商业务；加之，通信领域竞争激烈，能够开拓的新空间越来越小，华为急需寻找下一个增长点。

任正非希望企业网业务就是那个增长点。

2011 年左右，任正非开始调整华为的战略方向。华为从电信为主的设备制造商，逐步转型成全能型的 IT 供应商。也是在这一年，华为改变了以往的商业运作机制。将公司的业务，按照客户群体的不同，归入三个事业部：运营商、企业网及终端部门。

企业网业务与运营商业务被摆在了同等重要的位置，足以见得任正非对其重视程度。2012 年，面对全新的市场环境和全球经济疲软态势，华为企业业务销售收入达 115.3 亿元人民币，同比增长约25.8%。[2] 2013 年，华为企业业务驶入了发展的快车道，销售收入达152.63 亿元人民币，同比增长约 32%，在产品竞争力和市场上都取得了重大突破。[3]

事实证明，经历了长时间的孤独前行之后，企业网不但活下来了，而且活得很好。但任正非并不希望企业业务发展地过于迅猛，当听到企业网喊出"超越"的口号时，他提不起任何兴趣，甚至持反对意见。

> 我觉得谁也不需要超，但是要超过自己的肚皮，一定要吃饱，

---

[1] 2014 年，任正非在企业业务座谈会上的讲话
[2] 华为发布的 2012 年年度报告
[3] 华为发布的 2013 年年度报告

你现在肚皮都没有吃饱，你怎么超越别人。我认为企业业务不需要追求立刻做大做强，还是要做扎实、赚到钱。谁活到最后，谁活得最好。华为在这个世界上并不是什么了不起的公司，其实就是我们坚持活下来，别人死了，我们就强大了。[1]

因此，他一直强调"在战略上聚焦"。在他看来，拳头只有握紧才有力量，分散是没有用的。2014 年 1 月 29 日，他在企业业务座谈会上表示：

"我还是认为不要盲目做大，盲目铺开，要聚焦在少量有价值的客户，少量有竞争力的产品上，在这几个点上形成突破。好比战争中，我这个师担任主攻任务，就是要炸开城墙，那么我打进城也就是前进四百米左右，这个师已经消耗得差不多了。接着后面还有两个师，然后就突进去了，从四百米突进到一公里、两公里左右。接下来再进去三个师，攻城是这么攻的。所以我们在作战面上不需要展开那么宽，还是要聚焦，取得突破。当你们取得一个点的突破时，这个胜利产生的榜样作用和示范作用是巨大的。这个点在同一个行业复制，你可能会有数倍的利润。所以说我们要踏踏实实沿着有价值的点撕开口子，而不要刚撕开两个口子，就赶快把这些兵调去另外一个口子，这样的话你们就是成吉思汗，就是希特勒。你们想占领全世界，你们分兵多路，最后就必然是死亡。"[2]

与此同时，任正非也一直强调被集成战略。他表示：

"合作伙伴是越多越好，但如果我们去集成，我们就树立了一大堆敌人，就得去颠覆这个世界。谁要颠覆这个世界，只能最后他自己

[1] 2014 年，任正非在企业业务座谈会上的讲话

[2] 同上

灭亡。所有我认为还是要利用盟军的力量，我只要搭着你的船，能挣点钱就够了，我为什么要独霸这个世界呢。我们走向被集成，那我们就要建立多种伙伴群，用伙伴群把产品卖给客户群。比如说SAP（公司）最早就是我给你们谈下来的，我说我们要成为战略性伙伴关系，我们永远不进入它的领域。我们就开始合作了，我们就有了机会。"[1]

为了让企业网更好地活下去，任正非还要求企业网业务保持合理的毛利水平，不破坏行业价值。在他看来，把产品卖得便宜就是在捣乱这个世界，就是在破坏市场规则。他说：

"西方公司也要活下来啊，你以为摧毁了西方公司你就安全了？我们把这个价格提高了，那么世界（会）说，华为做了很多买卖，对我们价格没有威胁，就允许它活下来吧。"[2]

就这样，经过几年突飞猛进的发展之后，2014年10月，华为企业业务宣布转型，提出了"平台+生态"战略。2017年，企业业务提出"做平台的平台"。而所谓"平台的平台"，其实是指开放的平台，让更多的合作伙伴根植在华为数字平台之上，以满足行业客户的业务和数字化转型需求。

在任正非眼里，华为一直坚持的是管道战略，企业网就是管道策略中的一环。他曾说：

> 我们认为应该沿着管道来整合，通讯网络管道就是太平洋，是黄河、长江，企业网是城市自来水管网，终端是水龙头。如果我们沿着这个整合，都是管道，对我们都是有用的。华为20多年来，也曾多次动摇过，但最终总结下来，我们只做了一件事就是坚持管道战略。人生就是要咬定自己的优势特长持续去做。

---

[1] 2014年，任正非在企业业务座谈会上的讲话
[2] 同上

运营商终端困局

继 2003 年任正非想卖掉华为之后，2008 年，他又计划脱手华为的终端业务。

早在 2002 年，任正非对于手机终端的态度就是极为抗拒的。曾在华为多个部门任职的张利华在《华为研发》一书中记录了一段有关华为手机的往事。2002 年 9 月，在任正非召集的一次无线产品线讨论会上，张利华说："华为的 3G 设备只能卖一次，但是消费者一年会换好几部 3G 手机，中国有好几亿手机消费者。华为应该尽快立项 3G 手机！否则会失去巨大的市场机会。"任正非一听，"啪"一声很响地拍桌子说："华为公司不做手机这个事，已早有定论，谁又在胡说八道！谁再胡说，谁下岗！"[1]

但在这一年的年底，任正非的态度出现了 180 度大转弯。他不仅决定做手机，还决定拿出 10 亿元来做手机。

在手机立项讨论会上，任正非强调道："为什么中兴 GSM 手机没有做好，亏损了好几年，你们要想清楚。做手机跟做系统设备不一样，做法和打法都不同，华为公司要专门成立独立的终端公司做手机，

---

[1] 张利华：《华为研发（第 3 版）》，机械工业出版社 2017 年版

独立运作！"[1]

为什么又突然决定做手机？2017年下半年，任正非在消费者BG业务汇报及骨干座谈会上表示，华为最初做终端，其实是因为没有终端，华为的3G网络设备卖不出去。

"3G做出来后，首先出口到阿联酋，但是没有终端就无法销售，我们向日本其他厂家购买，没有厂家愿意卖给我们一台终端，它们已让其他运营商包销了，我们才被迫开始自己来做。"[2]

回顾华为手机走过的历程，任正非觉得异常悲壮。

> 自己做终端时，我们什么都不懂，首台终端有多大？整整装满一辆考斯特。于是我们买来十多辆考斯特围着上海转圈，目的是帮助网络测试过关。[3]

慢慢地，终端公司的境况开始好转。华为的终端产品覆盖手机、数据卡、FMC终端、固定台、会议电视、机顶盒、家庭网关、可视电话和模块等多种形态的产品系列。2006年华为终端产品年销量超过2700万台，应用于70个多个国家和地区，连续三年实现100%跨越式增长。2007年，移动宽带产品累计出货量达1000万部，市场份额居全球首位；手机发货超过2000万台；固定台累计出货量2000万部，全球市场份额第一。[4]

华为做手机的策略是绑定运营商开发定制手机，但令任正非比较头疼的是利润太低。虽然运营商采购数量还算高，但是也抵不过利润

[1] 张利华：《华为研发（第3版）》，机械工业出版社2017年版
[2] 2017年下半年，任正非在消费者BG业务汇报及骨干座谈会上的讲话
[3] 同上
[4] 华为2006年、2007年的年度报告

低拖后腿。

而且，华为一直做的是低端的功能机。但从 2007 年开始，手机市场发生了翻天覆地的变化。这一年，远在美国的第一代苹果手机横空出世，并喊出了"今天，我重新定义了手机"的口号。这款 3.5 英寸全触控屏幕加金属机身的手机就像是一枚钥匙，打开了智能手机新时代。

在这种局势下，华为终端显得弱小到不堪一击。华为的出路在哪儿？没有人知道任正非内心有多焦灼，但出售股份一定是他百般思考后的抉择。他决定：出售终端业务 49% 的股份，如果私募基金有更高的出价，出售更多也有可能。

2008 年 5 月，华为找来了美国的国际金融服务公司摩根士丹利担任财务顾问，并向多家私募基金发出竞购邀请。这次竞购，包括贝恩资本、高盛私募资本部门、KKR 和银湖合伙基金等多家私募基金参与了竞标，并对华为终端业务平均出价 20 亿美元，有望成为中国历史上第五大外商投资案。

经历了几轮竞购的淘汰，贝恩资本和银湖合伙基金各自牵头的财团确定中标。

眼看这桩交易即将完成，但就在 9 月中旬，美国次贷危机气势汹汹地袭来。考虑到全球市况和经济形势的不确定性，华为对外宣布，暂缓已进行了五个多月的终端公司股权出售计划。

没想到这一"暂缓"就是"永久暂停"。

因为华为蓝军敏锐地意识到形势正在发生变化，未来，终端将会起到越来越重要的作用。于是，当任正非问起蓝军的意见时，蓝军基于大量研究分析，写出了一份分析报告，标题为《放弃终端，就是放弃华为的未来》。

在蓝军看来，未来的信息消费行业将是"端—管—云"三位一体，终端决定需求，放弃终端就是放弃华为的未来。就这样，当决策层都同意出售终端时，任正非最终接受了蓝军的意见，放弃了出售终端业务的想法。现在回头看，多亏了蓝军的建议以及任正非的果断，才有了后来在消费者领域一飞冲天的华为终端。

在放弃出售后的时间里，华为终端的规模不断突破。

2008 年，在经济危机的背景下，华为终端收入达到 40 亿美元，增长将近 82%。移动宽带终端累计发货 2500 多万部，市场份额超过 50%；固定台累计出货超过 3700 万部，全球排名第一；CDMA 手机出货 2000 万部，成为全球第三大供应商。[1]

2009 年，华为手机产品发货超过 3000 万部，多款机型取得了突破。其中，CDMA 手机全球市场份额第三，中国市场份额第二，C5600 成功获得中国电信校园营销活动定制机型 38% 的市场份额；CDMA 中高端智能手机在中国电信也取得了规模突破，市场份额和格局进一步提升；TD-SCDMA 产品突破发展瓶颈，T2211 手机率先成为中国移动深度定制的优质机型，TD-SCDMA 终端销售增长了十几倍；并成功配合 T-mobile 推出了全球首款基于 Android 平台的预付费手机 Pulse，在英国、德国等高端市场三周零售过万台；在北美市场推出的 Touch 手机 U7519，成为美国圣诞季周销量冠军。[2]

2010 年，在智能手机需求激增的情况下，华为智能手机快速增长，全球出货超过 300 万台，迅速打入了包括日本、美国和西欧在内的 70 多个国家和地区。[3]

但华为的 300 万部智能手机出货量，相比 4660 万部出货量的苹果

[1]华为发布的 2008 年年度报告

[2]华为发布的 2009 年年度报告

[3]华为发布的 2010 年年度报告

和三星，连零头都不到。当竞争对手都在不断爬升，华为终端走到了一个不进则退的角落里。

一时间任正非陷入了深深的迷茫之中。

而此时，随着移动互联网的跨越式发展，智能终端产业正以一种全新的方式渗透到人们的生活和工作中。对于华为来说，消费者市场正处于关键转型时期，移动宽带信息化浪潮为个人手持电子设备带来了巨大的机遇。

任正非会如何抉择呢？

消费者终端问世

眼看着智能手机的市场份额越来越大，任正非着急得不行。

2010 年年底，他专门带着徐直军、郭平等一众高管组织了一次高级座谈会。这次会议挽救了华为移动终端，成为华为历史上一个生死攸关的转折点，因此被称为"华为终端的遵义会议"。

在这次会议上，任正非对终端业务进行了重新定位。他明确了华为消费者终端公司在华为内部具有三分天下的重要战略地位，与运营商管道业务、企业网并列成为公司三大业务核心。

从时间维度上看，此时华为计划入局手机已经晚了。当时，苹果手机如日中天，三星手机风生水起，中兴市场份额持续上升，华为此时入场无异于虎口夺食。

任正非清楚地知道华为即将面临的竞争，他在会议上提醒华为高层和手机终端公司的骨干：

华为要在手机终端领域做全球第一，需要漫长的时间积累，十年甚至更长时间。应准确地认清自己，做好阶段性的目标定位。同时应大幅提升在手机终端上的研发和品牌投入，至少在预算和投入上胜过竞争对手。[1]

这是一根硬骨头,需要善于打硬仗的军人来"啃"。任正非看上了时任华为 CMO、3G 和欧洲部负责人的余承东,后者好打硬仗,且在华为内部功勋卓著。余承东于 1993 年加入华为,曾从零开始将 3G 产品线做到世界第一,这其中的艰辛任正非都看在眼里。

2011 年 1 月,华为任命余承东为华为终端董事长,全面带领终端业务打江山。

但 2011 年,手机市场也在悄然变化,华为遭到了同为新军的小米的当头一击。这一年,做了十几年软件的雷军,发布了小米手机。8 月 16 日,雷军发布的小米 1 在社交网络上一炮而红。余承东紧随其后,在微博上透露了与小米同样使用高通新款芯片硬件配置的华为手机将于 10 月初上市。

这是一次互联网思维手机与传统手机厂商的正面 PK。在小米手机惊人的销售数据和米粉疯狂追捧的现象之下,很明显,华为落了下风。

这不是华为手机第一次栽跟头,当然也不是最后一次。2012 年,华为第一款旗舰智能手机 Ascend P1 上市,售价 2999 元,随后又推出 P2,但两款手机都时运不济,落了个"不叫座"的结果。后来的 D1 同样如此。

2013 年,华为 P6 的上市终于给华为终端公司带来了转机,全球销量达 400 多万部。2014 年 Mate 7 上市,标配版 2999 元,高配版 3699 元,更是艳惊四座,全球销售达 700 万部。

在此过程中,为了拓展渠道,2012 年 3 月 18 日,华为商城正式上线,华为也成为中国传统手机制造商中第一个推出自己的电子商城的公司。

---

[1] 张利华:《华为研发(第 3 版)》,机械工业出版社 2017 年版

此外，华为还与京东、天猫、当当等电商渠道加强合作，开设旗舰店。同时，华为还布局线下，在北京、上海、广州、深圳等多个城市建立了自营店。

区别于几乎同期问世的小米，自消费者 BG 成立以来，华为就确定了走中高端路线，以摆脱外界对于华为"低端机"的刻板印象。但在与小米的竞争中，华为意识到"互联网思维产品"的重要性。

于是，2013 年 12 月 16 日，华为正式宣布"荣耀"为华为终端独立运作的互联网品牌，一个面向年轻人的科技潮牌，这一年荣耀手机的销售收入达 1.09 亿美元。同时，华为还推出了平板电脑、手环、手表、移动电源、耳机等系列终端产品，既满足了不同的市场需求，又为华为贡献了营业收入。

在华为转型升级的这段过程中，任正非亲眼目睹了手机行业的太多"悲欢离合"。2010 年之前的"手机霸主"诺基亚，在 2011 年与微软牵手，开始离"霸主"之位渐行渐远；2013 年，微软收购诺基亚设备及服务部门；2014 年，诺基亚退出手机市场；2016 年，诺基亚将品牌授予 HMD 公司及富士康制造。

曾跻身于全美 50 大公司之列的摩托罗拉也经历了类似的命运：业务急转直下之后，2008 年摩托罗拉将手机业务独立为"摩托罗拉移动"；2011 年，Google 宣布收购摩托罗拉移动，仍然没有逃脱连连亏损的命运；2014 年，联想宣布收购摩托罗拉移动智能手机业务。

任正非在唏嘘的同时，也在暗自庆幸华为在厮杀中活下来了。尽管在过去很长时间里，华为走了很多弯路，曾经华为都是在用运营商业务的思维方式卖消费者终端，但好在后来慢慢上了正道。2015 年上半年，华为实现销售收入 1759 亿元人民币，同比增长了 30%。其中消费者业务上半年收入 90.9 亿 美元，同比大幅增长 69%；智能手机发货4820 万台，同比增 39%。华为终于以 8.8% 的市场份额打破了全球高端手机市场一直被苹果、三星垄断的局面，成为全球三大手机品牌。

任正非肯定了华为终端的成功，并一如既往地提出了警示。他要求华为终端坚持"力出一孔，利出一孔"：

> 消费者BG适合精兵战略，不要太大的发展规模，否则总有一天会崩溃的。你们贯彻分享制的时候，不仅是对员工、供应商分享，也要给渠道、零售伙伴……分享，多方面分享机制决定了我们不需要建立一个庞大的组织。我们还是要审时度势地看自己，不要认为自己可以包罗万象。时时反思不足，就会找到消费者BG应该发展的路。[1]

同时他也提醒华为终端："我们一再强调终端要有战略耐性，要耐得住寂寞。如果你们匆匆忙忙发展，可能因为一个零件问题，这批手机几十万部、几百万部出问题，就会毁了整个终端公司，有时很难再爬起来。所以我们还是要踏踏实实，控制欲望、控制合理发展速度，'鸡血'沸腾一定是犯错误的前兆。这个时代是'春秋战国'，是我们所期望的，因为我们是强者。但现在称霸不了世界，让他们混战，然后我们逐步去统一世界。当然这是需要过程的。但即使竞争激烈，我也不鼓励你们降价恶性竞争，而是鼓励提高质量，耐着性子跑，这样才能跑赢。不要担心别人短期内占领了这个市场，以人们两三年换一次手机的频率，下次就该换成华为手机了，三年以后才能'出水才见两脚泥'。"[2]

用简短的话总结就是："脚踏实地，做挑战自我的长跑者"。

---

[1] 2015年8月，任正非在消费者BG年中沟通大会上的讲话
[2] 同上

在利润和服务水平上赶超苹果

跻身全球前三后，华为终端又有了新的目标。

2016 年 2 月 21 日，在华为 Mate Book 新品发布会上，余承东透露了华为终端更为远大的计划：一是在三年内超越苹果成为全球第二大智能手机厂商；二是 5 年内华为手机将占据全球市场份额的 25%。[1]

据市场调研公司 IDC 全球智能手机厂商销售数据显示：当时三星的市场份额为 21.2%，排名第一；苹果的市场份额为 14.6%，排第二；而华为位列第三，市场份额为 9.5%。比对来看，媒体很容易就窥见了余承东"3 年超越苹果、5 年超越三星"的野心。

这次发布会之后，任正非经常在网上看到标题为"华为 3 年干掉苹果，5 年干掉三星"的报道，有唱好的，有唱衰的。与余承东不同，任正非深知，如此明目张胆的"挑战"，对于华为是不利的，不仅起不到任何作用，还会让华为四面树敌。

而这恰恰是"兵家大忌"。

为了避免"噪音"干扰，任正非要求华为员工无论在公开场合，还是私下场合，绝不允许再讲"灭了三星"，"灭了苹果"之类的话。

---

[1] 2016 年 2 月，余承东在华为 Mateback 新品发布会上的讲话

他特意强调：

> 一次都不能讲。谁讲一次就罚 100 元，CBG 人力资源部设一个微信号把罚款存起来，作为你们聚餐、喝咖啡的经费。我相信你们不会故意这样讲，但这可能会被媒体借机夸大事实炒作，我们不要用虚假的内容去光荣。[1]

早在 2011 年 12 月 15 日，任正非在签发"关于华为终端发展战略的决议"时，就强调过不追求全球排名：华为终端产业竞争力的起点和终点，都是源自最终消费者，电信运营商只是华为手机的重要销售渠道之一，手机发展路标要以最终消费者需求为导向，不是以运营商需求为导向；华为发展终端要追求赢利，必须以活下去为基础，不能仅追求规模和全球排名；质量是终端成长和发展的基础，终端要在确保质量的基础上发展；坚持从紧的库存管理，防范经营风险……[2]

在 2014 年市场大会上，任正非也曾说过做谦虚的领导者："怎么做一个谦虚的领导者？如何使华为的存在，客户认为是有益的，社会认为是有益的，竞争对手认为有益的，供应链伙伴也认为是有益的，这就是华为的转型。"[3]

在任正非看来，苹果、三星、华为是构成世界终端的稳定力量，需要和谐、共赢、竞争、合作。他认为苹果、三星、小米、OPPO、VIVO 都是华为的朋友，并号召华为要学习它们的优秀之处。

在 2017 年 1 月的消费者 BG 年度大会上，任正非说：

---

[1] 2017 年 1 月，任正非在消费者 BG 年度大会上的讲话

[2] 关于华为终端发展战略的决议，2011-12-15，EMT.

[3] 2014 年 1 月 13 日，任正非在 2014 年市场大会上的讲话

"过去十年，苹果公司仅推出了两三款手机。他们投资 50 亿美元，盈利是 2336 亿美元。你们说要超越苹果公司，我同意，但我指的是在利润和服务水平上超越苹果，而不是销售台数。"[1]

任正非戳中了华为终端的痛点。虽然在"华为遵义会议"上，任正非一直强调利润，但从华为终端的现状来看，虽然销量屡创新高，但利润却不高。据市场研究机构 Counterpoint 数据显示，2017 年第三季度，苹果手机单台利润高达 151 美元，三星手机单台利润为 31 美元，而华为手机的单台利润只有 15 美元，仅为苹果手机的十分之一。[2]

至于苹果的服务体系，任正非表示：

"你们去随便找一个苹果门店，处理方法和华为门店完全不一样。不只是售后服务，我认为是大服务的概念。我们说'以客户为中心'，看到的是客户口袋里的钱，但是我们取之有道，合理地赚钱。我们要让消费者自动把钱拿出来，服务也是最重要的一个环节。"[3]

可以看出，无论是企业网业务、消费者业务，还是云计算业务，任正非的指导思想都是：竞合，不破坏行业规则。而他的"竞合"思想其实是源于英格兰光荣革命的启示。1688 年，奥兰治亲王威廉在没有激进的大规模流血冲突下，推翻了英格兰詹姆斯二世的统治。对这场无血革命任正非印象极深，他意识到合作也可以取得胜利。[4]

任正非的"灰度"管理思想也能体现出"竞合"的观点。在华为的一次内部会议上，任正非对自己所提倡的"灰度"文化做了深刻阐释：

---

[1] 2017 年 1 月，任正非在消费者 BG 年度大会上的讲话

[2] 华为手机销量远超苹果，为何利润只有苹果的 10%，2018-9-18，http://www.sohu.com/a/254549194_100095661

[3] 2017 年 1 月，任正非在消费者 BG 年度大会上的讲话

[4] 任正非：不要停留在过去 擅与竞争对手合作，2015-11-4，大卫·德克莱默、田涛，http://business.sohu.com/20151104/n425209029.shtml

我讲了要深刻理解客户，深刻理解供应伙伴，深刻理解竞争对手，深刻理解部门之间的相互关系，深刻理解人与人之间的关系，懂得开放、妥协、灰度。我认为任何强者都是在均衡中产生的。我们可以强大到不能再强大，但是如果一个朋友都没有，我们能维持下去吗？显然不能。我们为什么要打倒别人，独自来称霸世界呢？想把别人消灭、独霸世界的成吉思汗和希特勒，最后都灭亡了。华为如果想独霸世界，最终也是要灭亡的。我们为什么不把大家团结起来，和强手合作呢？我们不要有狭隘的观点，想着去消灭谁。我们和强者，要有竞争也要有合作，只要有益于我们就行了。[1]

从这段话中，我们既能看到任正非称霸世界的眼界和雄心，也能看到他做行业领袖的落脚点：要敢于并擅于和对手交朋友，在双方利益一致的基础上共谋发展。

任正非把为企业领路乃至为行业领路的人称作"丹柯"。丹柯是神话中的人物。他在黑暗无边的迷雾丛林中掏出自己的心脏，用火点燃，为后人带路。在他从西方公司的追随者到参与领路者的成长过程中，任正非感慨万千：越是走到通信行业的前沿阵地，未来的道路越难把握预测。单打独斗只能做牺牲者，携手合作才能取得共赢。

如果说20世纪90年代，华为把关系营销学运用到了极致，在攻城略地中一招"狼性"法则势如破竹，让那些国际巨头望而生畏，无不胆寒。这种攻击性过强、为达目的不择手段的策略，让华为在由小到大的扩张时期，一度保持了在市场竞争中的优势，但这种强势闯入不按规则出牌的路数导致企业在盈利的同时，所花费的成本越来越高。

---

[1] 2010年7月15日，任正非在人力资源管理纲要第一次研讨会上的发言

尤其是当华为进军欧美时,欧美市场早已被国际通信巨头垄断,依靠"土狼"策略难以打破这种壁垒。当华为依靠一招"农村包围城市"的策略,从非洲等落后艰苦的地区迂回绕道回来的时候,却发现,如果不能和国际上的竞争对手握手言和,化敌为友,华为很难打破被动的局面。

但是,如果所有的"同路人"都是朋友,那么,到底谁才是华为的对手?任正非的答案是"烧钱的公司"。原因是烧钱的公司是想进行市场垄断,而不是以客户为中心的。"我们目的不是敲诈客户,而是合理赚取利益,帮助客户也共同成长。所以在这个价值体系上,我们要确立三星、苹果、OPPO、VIVO 其实都是一个商业模式的朋友,但朋友之间也是允许有竞争的,这是两回事。"[1]

[1] 2017 年 1 月,任正非在消费者 BG 年度大会上的讲话

华为云：做容千万家的英雄

2010 年是华为战略转型的一年。这一年，也是华为力争在世界电信设备市场上，准备实现从一直以来的"追随者"到"领跑人"的角色转换的一年。

这一年，任正非已经 66 岁。在他呵护下成长起来的华为已走过了 23 年，成为一家逐渐步入成年的企业，并且已经在世界电信设备市场，以其 1852 亿元人民币的销售收入稳居仅次于爱立信的的行业亚军地位，将诺西、阿尔卡特朗讯远远甩在了后面（注：2010 年，爱立信的销售额为 2145 亿元人民币；诺西约 1188 亿元人民币；阿尔卡特朗讯约 1508 亿元人民币。）

这一年，就在任正非带着一众高管召开华为终端"遵义会议"的几天前，他山现在丁北京举行的"华为云计算发布会"上。他说：

> 我们已经走到了通信业的前沿，要决定下一步如何走，是十分艰难的问题。我们以前靠着西方公司领路，现在我们也要参与领路了，我们也要像西方公司一样努力地对世界做贡献。

"云计算"是一种新兴的技术，简单地说就是摒弃传统的数据中心、服务器和电脑，无论是企业还是个人消费者，只要将一个很小的终端设备连接到"云端"（云服务供应商），便可获得包括软件、计算、技术和存储等应有尽有的信息服务。如同当初作为一项新技术革命的互联网那样，"云计算"的诞生将使整个信息产业再次发生颠覆式的变革，因而被业界称为"第三次IT技术革命"。为此，IBM、思科、谷歌和亚马逊等美国IT巨头都纷纷斥巨资进行研发，希望在新一轮的技术浪潮中，成为时代的引领者。

面对这个从跟随者向领路者转变的绝佳历史机遇，一直在卧薪尝胆积蓄实力的任正非当然不会错过。在这次发布会上，任正非高调地宣布了华为未来10年的发展规划：

> 我们在云平台上，要在不太长的时间里赶上、超越思科，在云业务上要追赶谷歌。让全世界所有的人，像用电那样享用信息的应用与服务。[1]

在信息爆炸将像洪水一样涌来的新的技术革命时期，华为立志改变以往在技术上的跟随者的地位而变身为"西方列强"的领路者，华为真的准备好了吗？

为了扩大国际化视野，迎接新一轮的技术浪潮，任正非不惜斥巨资增强在北美和欧洲的研发实力。从2011年开始，华为与加拿大移动运营商Telus和加拿大贝尔在云计算领域成立了联合创新中心，并斥巨资完成了对英国CIP光子研发中心和华赛（华为赛门铁克）49%的股权的收购。

不仅如此，从2011年初到2012年底，华为又在各大高校招聘了3万名新员工，使华为员工总数历史性地突破了15万人。其中大约6

---

[1] 2010年11月29日，任正非在华为云计算发布会上的讲话

万名员工分别派往深圳、上海、南京、杭州和西安 5 个国内研发中心进行封闭式研发。任正非希望在新一轮的信息洪流的冲击面前，立足潮头，解决信息收集、处理、挖掘和分析等方面的挑战，构筑华为技术优势，成为 ICT（信息与通信技术）领域的领先者。

为了更好地在云计算时代完成从跟随者到领路者的转变，任正非提出了"开放、合作、共赢"的结盟思想，希望在华为下一步的国际化进程中，在政治和商业利益纵横交错、纷繁复杂的新的历史格局下，广交天下朋友，整合人类知识存量为我所用，搭建新的歃血为盟、生死与共的联合体，构筑共赢的生态链。

他说，在"云"的道路上，核心网要从封闭走向开放，做容千万家的天下英雄。华为云的定位是"黑土地"。正如 2017 年底任正非在华为内部邮件中所说：

> 我们实质上是通过聚焦 ICT 基础设施和智能终端，提供一块信息化、自动化、智能化的"黑土地"。这块"黑土地"上可以种"玉米""大豆""高粱""花生""土豆"……是让各个伙伴的内容、应用、云在上面生长，形成共同的力量面向客户。

在华为面临战略转型的云计算战略发布会上，任正非毫不隐瞒地公开表示，以前华为跟别的公司合作，一两年后，华为就把这些公司吃了或甩了。他给这种行为起了一个贴切的名称："黑寡妇"做法。"黑寡妇"做法的后果是，很多企业不愿意、也不敢跟华为合作，但这恰恰违背了云计算的核心精髓。云计算的核心精髓讲求的是开放、合作、共赢，以及资源和信息的共享。华为一旦决心在云计算战略上继续有辉煌的成就，放下身段、与人为善，是必须迈出的第一步。

我们为什么要排外？我们能什么都做得比别人好吗？一个不开放的文化，就不会努力地吸取别人的优点，逐渐就会被边缘化，是没有出路的。一个不开放的组织，迟早也会成为一潭死水的。不开放就是死亡。

我们已经够强大了，内心要开放一些，谦虚一点，看问题再深刻一些。不能小肚鸡肠，否则就是楚霸王了。我们一定要寻找更好的合作模式，实现共赢。[1]

以此为契机，华为打开了封闭已久的大门，开始以开放的心态与外界进行沟通与交流——不仅战略上对外开放、合作双赢，在宣传上上也开始接受一些国内外著名媒体的采访。2013 年 5 月 8 日下午，创办了二十多年企业却从未接受过中外媒体当面采访的任正非，把他有史以来首次与媒体见面会的机会给了费尔法克斯（Fairfax）新西兰等 4 家新西兰媒体，并就华为的技术研发和国际化战略等热点问题回答了记者的提问。

种种迹象表明：任正非领导下的华为已经今非昔比、脱胎换骨，彻底冲出国门走向世界。开放与合作姿态尤其反映了任正非领跑云计算的雄心和决心。

截至 2015 年底，华为云计算的企业级合作伙伴达 500 多家，服务于全球 108 个国家和地区的 2500 多家客户，覆盖政府及公共事业、运营商、能源、金融等行业，部署超过 140 万台虚拟机。并且，华为在全球共部署了 660 个数据中心，其中 255 个是云数据中心。[2]

---

[1] 2010 年 11 月 29 日，任正非在华为云计算发布会上的讲话

[2] 华为 2015 年年度报告，http://www-file.huawei.com/~/media/CORPORATE/PDF/annual-report/AnnualReport2015_cn.pdf?la=zh

截至 2016 年底，华为联合 500 多家合作伙伴为全球 130 多个国家和地区的客户提供安全、可靠、高效的云计算解决方案，同样覆盖政府及公共事业、运营商、能源、金融等行业，共部署了超过 200 万台虚拟机和 420 个云数据中心。[1]

2017 年 8 月，华为在内部宣布组织架构调整，云业务部门 Cloud BU 由二级部门升为一级部门，拥有了更大的业务自主权，并拥有了与运营商业务、消费者业务、企业网业务同等的地位。

但在云计算行业，还有阿里巴巴、腾讯和亚马逊 AWS，它们同样野心勃勃。尽管现在我们还无法想象华为在新一轮技术革命中是否能很好地扮演领跑者的角色，但有一点可以肯定，世界是平的。任何一家立志在云计算时代纵横捭阖、乘风破浪的企业，都会在这个辉煌的梦想中做出可喜的业绩，做出不可磨灭的成绩。

---

[1] 华为 2016 年年度报告，http://www-file.huawei.com/-/media/CORPORATE/PDF/annual-report/AnnualReport2016_cn.pdf?la=zh

第十章

不创新才是最大的风险

　　任正非时常引用马克思的一句话："在科学的入口处，正像在地狱的入口处一样，必须提出这样的要求：这里必须根绝一切犹豫；这里任何怯懦都无济于事。"为了让华为活下去，为了为人类社会做贡献，即便是地狱，任正非也要带着华为"硬闯"。

"鲜花插在牛粪上"

2006 年 12 月，第 182 期《华为人》上发布了一篇文章，题为《实事求是的科研方向与二十年的艰苦努力——在国家某大型项目论证会上的发言》。文章透露：华为在过去的 18 年里每年坚持投入销售收入的 10% 以上在研发上。尤其是最近几年，有超过二万五千名员工从事研发工作，资金投入都维持在每年七八十亿元以上，经过 18 年的艰苦奋斗，至今为止，华为没有一项原创性的产品发明。

两年多后的 2009 年 2 月，世界知识产权组织（WIPO）公布，华为以 2008 年度发明了 1737 项国际专利，战胜松下、菲利普、丰田，成为全球专利冠军。

"18 年没有一项原创性的产品发明"的华为，又是如何成为全球专利冠军的？事实上，在上述文章中已有答案：华为主要做的、所取得的是在西方公司的成果上进行了一些功能、特性上的改进和集成能力的提升，更多的是表现在工程设计、工程实现方面的技术进步，与国外竞争对手几十年甚至上百年的积累相比还存在很大差距；对于我们所缺少的核心技术，华为只是通过购买的方式和支付专利许可费的方式，实现了产品的国际市场的市场准入，并在竞争的市场上逐步求得生存，这比自己绕开这些专利采取其他方法实现，成本要低得多，由于我们支付费用，也实现了与西方公司的和平相处。

这就是华为的"鲜花插在牛粪上"战略。

在 2010 年 11 月举行的"华为云计算发布会"上，任正非说：华为长期坚持的战略，是基于"鲜花插在牛粪上"战略，从不会离开传统去盲目创新，而是基于原有的存在去开放，去创新。他说：

> 鲜花长好后，又成为新的牛粪，我们永远基于存在的基础上去创新。在云平台的前进的过程中，我们一直强调鲜花要插在牛粪上，绑定电信运营商去创新，否则我们的云就不能生存。

在多个场合，他也说过类似的话：

"我的一贯主张是'鲜花要插在牛粪上'。我从来不主张凭空创造出一个东西，好高骛远地去规划一个未来看不见的情景。我认为要踩在现有的基础上前进。"

"世界上总有人去创造物理性的转变，创造以后，我们再去确定路线。我们坚持在牛粪上去长出鲜花来，那就是一步一步的延伸。我们以通信电源为起步，逐步地扩展开来。我们不指望天上掉下林妹妹。"

正如大科学家牛顿曾经说过的："如果说我看得更远的话，那只是因为我站在巨人的肩膀上。"大文豪托尔斯泰也这样说："正确的道路是这样的——吸取你的前辈所做的一切，然后再往前走。"在科学研究中，继承性是最基本的要求。就是要求不管进行任何一项科研工作，都必须大量掌握相关的知识和信息，了解和掌握前人的知识和经验，了解和掌握国内外动态，以避免重复和无效带来的人财物上的浪费和市场风险。

所以在技术研发上，任正非一再强调：华为的研发要"鲜花插在牛粪上"，要"站在巨人的肩膀上"，要在发达国家的先进公司已经走过的成功经验、失败教训的基础上前进，以减少自己在研发上走的弯路。他提出在新产品开发中，要尽量引用公司已经拥有的成熟技术，以及可以向社会采购的技术。他提出的一个标准是：如果一项技术的利用率低于70%，新开发量高于30%，那就不仅不叫创新，而是浪费。它只会提高开发成本，增加产品的不稳定性。

这就是同为中国企业，为什么华为后来居上、超过了中兴通讯。其原因就在于在相同的销售价格下，华为在一件产品上获得的利润高于中兴。这还是在人力成本上，即华为员工的薪酬比中兴的稍高的情况下。论根本原因则是华为的研发效率和研发收益高于中兴。其中，研发效率是指花费单位时间所完成的研发工作量。说一家公司研发效率高，是指它花费同样的时间，开发的产品却比别人多，表明该公司的时间成本相对较低。研发收益是指公司投入研发资本开发出来的产品所创造的市场效益。一家公司研发收益高，是说这家公司投入同样的研发经费所创造的经济效益比别的公司高。如果研发的效率不够高，研发的管理混乱，研发的方向出现了错误，都会最终影响到研发的收益。

华为打败中兴，主要是因为在研发效率和研发收益上超过了对方。一些企业，像深圳的富士康和顺德的格兰仕这样的制造业企业，它们获利的主要途径来源于生产过程中对人工成本的控制，因为重复劳动的研发成本相对减少。作为高科技产品，华为的产品同样具有更新换代快的特点，但在研发过程中，合理的稳定性还是要的，虽然不可能具有工业品那样的稳定性。创新并不只是技术上的更新换代，创新也包含着技术上的继承性。

值得一提的是，研发均是为了服务于市场。但为了在市场上赢得先机，抢占市场份额，任正非也曾不惜投入巨资搞技术研发，但却遭遇无数次失败。

因此，任正非痛定思痛，对技术与市场的关系做出如下总结：

第一，在产品的技术创新上，华为要保持技术领先，但只能领先竞争对手半步，领先三步就会成为"先烈"。也就是说，在技术研发中，要把技术导向战略转为客户需求导向战略。按照任正非的观点，几乎100%的公司并不是因为技术不先进而死掉的，而是因为技术先进到别人还没有对它完全认识与认可，以至于没有人来买。产品卖不出去，却已消耗了大量人力、物力和财力，从而丧失了竞争力。IT泡沫破灭的浪潮使世界损失了20万亿美元的财富就是一个最典型的例子。

第二，"技术市场化，市场技术化。"任正非强调技术的创新要适应市场的变化。技术的应用是为了转换成产品，而产品必须适应市场的需要。在技术研发中，必须准确判断技术与市场的关系。要做到技术创新，技术人员首先要思想上创新。思想上的创新不是来源于现存的技术和资料，而是来源于客户的需求。因此在华为，没有博士，只有"博土"，也没有院士，只有"院土"，他们必须深入市场，走到客户中间去，了解客户的需求。

第三，提出"工程商人"的概念。在2010年的研发体系干部大会上，任正非提倡研发要从"以技术为中心"转变为"以客户为中心"；提倡研发人员要做"工程商人"。他要求华为的技术人员不能仅仅满足于做工程师，还要学会用商人的眼光来看自己研发出来的产品，是不是真的能够满足客户的需求。研发人员如果一味沉迷于技术创新而完全忽视客户的需求，或者超前于客户的需求，这样的创新对于企业来说都会造成极大的浪费。

构造华为的"诺亚方舟"

2009 年，一部关于全球毁灭的灾难影片《2012》正在上映。

故事发生在 2012 年 12 月，杰克逊一家人在外出度假时，撞上了玛雅预言的世界末日：2012 年的 12 月 21 日。就在这一日，地震、火山喷发等自然灾害突然降临。而在灾难发生的前一天，杰克逊听闻有些国家已经联合秘密研制并建造了能够躲避灾难的方舟。于是，在生死存亡之际，杰克逊一家踏上了寻找"诺亚方舟"之路。

任正非看完电影《2012》后，深有感触。在灾难面前，人们还有"诺亚方舟"可以避难，但是华为的"诺亚方舟"在哪儿呢？

在电影《2012》的影响下，华为在被称为世界末日的这一年，建立了"2012 实验室"。"2012 实验室"所要解决的问题就是：在新一轮的信息洪流的冲击面前，立足潮头，解决信息收集、处理、挖掘和分析等方面的挑战，构筑华为技术优势，成为 ICT 领域的领先者。在这个过程中，要有新思想、新理论产生，为华为迎接挑战找到信息洪流中的"诺亚方舟"。

"2012 实验室"主要从事基础科学研究，研究方向有新一代通信、云计算、音频视频分析、数据挖掘、机器学习等。该实验室由其他数十个实验室组成，主要包括诺亚方舟实验室以及以科学家名字命名的实验机构，比如欧拉实验室、高斯实验室、谢尔德实验室、香农实验室。

此外，2012实验室还包括中央研究院、中央软件院、中央硬件工程院、海思半导体等二级部门，以及分布在全球各地研发中心的2012下属实验室。

其中，最为公众熟知的是诺亚方舟实验室。诺亚方舟实验室成立之初，研发领域主要聚焦在大数据建模、网络运维、自然语言处理等方面。慢慢地，诺亚方舟实验室发展成为华为AI研究中心，研究领域覆盖计算机视觉、自然语言处理、搜索与推荐、决策与推理、人机交互、AI基础理论。

2012年7月12日，在华为"2012诺亚方舟实验室"专家座谈会上，任正非强调道：在公司的创新问题上，一定要坚持价值理论，为了创造价值而创新，而不是为了创新而创新，同时也要宽容失败。在任正非看来，实验室进入的是模糊区域，没有人知道它未来会是什么样子，它拥有太多的不确定性，甚至连生存还是死亡都充满未知。

> 我们假设数据流量的管道会变粗，变得像太平洋一样粗。建个诺亚方舟把我们救一救，这个假设是否准确，我们并不清楚。如果真的像太平洋一样粗，也许华为押对宝了。如果只有长江、黄河那么粗，那么华为公司是不是会完蛋呢？这个世界上完蛋的公司很多，北电就是押宝押错了。中国的小网通也是押错宝了，押早了。小网通刚死，宽带就来了。如果晚诞生几年，它就生逢其时了。

基础研究是一项需要经历长时间寂寞的工作。任正非希望从事研究的科学家们能够耐得住寂寞，板凳要坐十年冷，切勿急功近利。他举例道：

这两天看王国维的电视剧，王国维是鲁迅先生骂的'不耻于人类的狗屎堆'，今天回过头看这个人的哲学思想是很伟大的。当年张之洞去开矿山、办工厂，李鸿章搞洋务的时候，王国维说'振兴中华要靠哲学'。但是，他还是被抛进历史的垃圾堆，作为清华大学教授，最后投湖自尽了。中国有两个痛苦的灵魂，以前说最痛苦的灵魂是鲁迅，现在往前走一步，王国维也是中国最痛苦的灵魂。王国维讲哲学才能改变中国，今天来看确实是这样的。英国、美国、日本、法国、德国及整个欧洲社会，他们在哲学体系上搞清楚了。他们国家几百年没有动乱过。而我们的政策一会儿左，一会儿右，就是因为从上到下我们在价值观上没有统一，哲学观点没有统一。今天重新纪念王国维是由于王国维这句话，是由于他对中国洋务运动的批判。中国应该先搞哲学来改造人们的思想，国家才能有新的机制和体制产生。

在华为的成长过程中，任正非一直强调"聚焦主航道"。对于"2012实验室"，任正非的要求是在瞄准未来构筑一些高端技术的过程中，还是要敢在主航道上向前冲，不要做小商品赚小钱。

智慧要放在主航道边界里面，不要做边界外的事情。人工智能要与主航道业务捆绑，在边界之内可以大投，一起扩展更多的灵感更多的发挥。所以离开这个边界、偏离主航道的就不给钱了。华为不做公共人工智能产品，不做小商品。我非常害怕你们一冲动，拿人工智能去和社会比。你做出来我没用，有人就去创业，这会掏空公司的，你如果有才华就要转到主航道上来。这些公共人工智能产品（别人的主业、我们的副业）的事不要做。别人成功了我们就花钱拿过来用。[1]

此外，在任正非看来，中国缺乏创新的土壤，不开放就是死亡。他强调研发要"开放"不能封闭，要用美国砖建中国长城，让"蜂子"在长城上跳舞。他的具体描述是：

> 人工智能研究一定要走向高度开放。你们自己开展研究是正确的，不研究你就不知道方向与对错，就不知道哪些是好的。世界上还有比我们做得好的，我就引进来。谷歌的系统可以大量读西班牙语的拉丁美洲的图书，它的英文翻西班牙语非常准确。我们也要从外面引进这些做得好的机器翻译功能。在自然语言对话上，我们能不能与业界领先企业合作，我们给他们一些支持，做出来后我们用他的系统就行了。我们要有这种气概，只有容天下才能霸天下。我们要防止封闭，一定要开放。在机器学习领域，一定有很多学习软件大大地超越我们，会有很多很多人做出好的东西来，我们就和这些最好的厂家合作。这边掺进一个美国砖，那边再用一个欧洲砖、一个日本砖。万里长城，不管砖是用谁的，能打胜仗就行了，不要什么砖都自己造。在这个万里长城大平台上，允许大河奔腾的踢踏舞，允许"蜂子"跳舞，它颠覆不了这个平台，但是能激活这个平台。[2]

基础研究的漫长性、高端人才的稀缺性也决定了基础研究是一件高投入的事情。任正非知道在决定华为未来的事情上，必须要大力投入。

---

[1] 2016 年 8 月 10 日，任正非在诺亚方舟实验室座谈会上的讲话
[2] 同上

数据显示，2015 年华为研发投入为 596 亿元人民币，占当年销售收入的 15.1%。近十年来，华为已经在研发方面投入了超过 2400 亿元人民币，而这还只是开始。

得"芯"者得天下

　　电信业是一个竞争残酷的行业，世界上任何一家电信公司不是发展，就是灭亡，没有第三条路可走。华为同样如此，没有退路，要生存就得发展，否则就得面临随时被巨头公司剿杀的危险。电信行业同样是一个高速发展的产业，它在高速发展中的不平衡，给小公司留下了许多机会。它和传统产业不同，传统产业的无数专利都被大公司率先申请，小公司几乎没有超越的可能。而信息产业的技术变革日新月异，天天都在发生技术革命。昨天的优势，今天就会消失。许多问题，小公司看不清，大公司同样也陷入迷雾；但大公司暮气沉沉之时，小公司却充满活力。任正非正是看清了行业的发展规律和内在动力，从一开始起，他就强调华为一定要走自主知识产权的道路，要形成自己的核心技术。

　　对于华为来说，芯片无疑是重中之重。但多年以来，我国芯片一直被国外垄断。打破芯片垄断，是一项艰巨的使命。

　　1992年，他在全球最大的半导体公司德州仪器考察时，任正非了解到百万门程控交换机所需的芯片价格为200美元／片，如果大批量采购的话，每片价格顶多能降3~5美元。不过，当时陪同他的那位经理非常诚恳地告诉他，如果你们自己能研发设计出芯片，拿到美国硅谷、韩国或中国台湾加工生产，每张芯片的成本只在10美元左右。如果批量大的话，还可以降低 0.5~1 美元。相差整整 20 倍！

"一语点醒梦中人。"百万门程控交换机需要大大小小数千张芯片，每张芯片如果能降低 30~100 美元，华为的每台百万门程控交换机可以降低的成本就非常可观。如果华为能在芯片领域有所突破，并能充分发挥中国企业人力资源成本低的优势，华为就可以在一夜之间迅速崛起。这样做，不仅是为了降低成本，更是为了打破国外垄断。

任正非深知没有自己的核心技术是不行的。回国后，他立马付诸实践，组建了专门负责芯片开发的"集成电路设计中心"。4 年之后的 1996 年 7 月，研发部门成功突破了十万门级和百万门级程控交换机的专用芯片技术。有了这些经验积累，华为相继在光通信、宽带、多媒体、GSM、CDMA 和 3G 等专用芯片领域获得了突破。1998 年，华为实现了 89 亿元的销售额。仅芯片一项，就给华为节省了 10 多亿元的采购成本。

但令人无奈的是中国芯片一直没能"站起来"。2004 年的一天，任正非对何庭波（现华为海思总裁）说："给你 2 万人，每年 4 亿美元的研发经费，一定要站起来！"[1]就这样，2004 年 10 月，华为开始把集成电路设计中心独立出来，成立了面向全球芯片设计与加工生产的"海思半导体公司"。

多年后的 2012 年，任正非在华为"2012 诺亚方舟实验室"专家座谈会上说：

> 我们现在做终端操作系统是出于战略的考虑，如果他们突然断了我们的粮食，Android 系统不给我用了，Windows Phone 8 系

---

[1] 任正非逼出来的芯片女皇，2019-05-06，https://tech.sina.com.cn/csj/2019-05-06/doc-ihvhiqax7011886.shtml?cre=tianyi&mod=pcpager_news&loc=9&r=9&rfunc=76&tj=none&tr=9.

统也不给我用了，我们是不是就傻眼了？同样的，我们在做高端芯片的时候，我并没有反对你们买美国的高端芯片。我认为你们要尽可能地用他们的高端芯片，好好地理解它。只有他们不卖给我们的时候，我们的东西稍微差一点，也要凑合用上去。我们不能有狭隘的自豪感，这种自豪感会害死我们。我们的目的就是要赚钱，是要拿下上甘岭。拿不下上甘岭，拿下华尔街也行。我们不要狭隘，我们做操作系统，同做高端芯片是一样的道理。主要是让别人允许我们用，而不是断了我们的粮食。断了我们粮食的时候，备份系统要能用得上。

十年磨一剑。随着华为国际化进程不断加快，海思半导体公司迅速崛起，在华为遍布全球的 17 个研发中心建立了相应的分支机构，不仅聚集了世界一流的研发人才，也逐渐掌握了国际化的设计规范与验证技术。经过多年的不懈努力，海思以 2000 多款自主研发的具有国际水平的专用芯片和 3000 多项芯片的国际专利，成为全球芯片领域的新贵。据中国半导体行业协会公布数据，在 2011 年度中国半导体十大企业排行榜中，海思半导体以 66.7 亿元的产值名列榜首，成为中国最大的芯片巨头。

2012 年 8 月，寄托着海思厚望的 K3V2 横空出世。K3V2 号称全球最小的四核 A9 处理器，采用 40nm 工艺，但与高通、三星的 28nm 相比，仍然存在很大差距。2014 年，海思发布麒麟 910 芯片，第一次将基带芯片和应用处理器集成在系统级芯片里，工艺上也升级到 28nm，与高通持平。华为由此结束了被高通垄断的局面。[1] 2016 年

---

[1] 任正非逼出来的芯片女皇，2019-05-06，https://tech.sina.com.cn/csj/2019-05-06/doc-ihvhiqax7011886.shtml?cre=tianyi&mod=pcpager_news&loc=9&r=9&rfunc=76&tj=none&tr=9.

10 月 19 日，华为宣布，自主研发的新一代芯片麒麟 960 再次在跑分上超越了高通，一个关于"逆袭"的故事上演了。

对于以上业绩，任正非百般感叹地说："我们没有抓住牛头，但却紧紧抓住了牛尾巴。"任正非的这句话，形象地说明了华为作为后来者，在追赶欧美发达国家的过程中所采取的技术定位和研发战略。尽管由此而形成的技术优势暂时无法和微软、英特尔等原创技术 PK，但却务实而快捷地找到一条适合中国企业"技术立身"的发展之路。

2018 年当美国开始对中兴实行断供计划，导致人心惶惶时，2019 年华为被美国加入"实体清单"时，人们不得不感叹任正非当初的明智之举，也更懂得了"得芯者得天下"这句话的含义。

5G 攻上"上甘岭"

"5G 的容量是 4G 的 20 倍,是 2G 的 1 万倍,耗电比 4G 下降了 10 倍。5G 基站只有一点点大,20 公斤,就像装文件的手提箱那么大,不需要铁塔了,可以随意装在杆子上或者挂在墙上。我们还有耐腐蚀材料,几十年不会腐蚀,这样还可以把 5G 装在下水道里。这样对欧洲最适合,因为欧洲有非常老的城区,不能像中国这样安装大铁塔。当然,中国现有的大铁塔也不浪费,可以把 5G 基站挂在上面,但是不需要再建铁塔了。每个站点在工程费用上(在欧洲)还可以降低 1 万欧元。不仅是铁塔,以前的基站大,需用吊车,把吊车开进去还需要封路。现在 5G 基站用人手提就上去了,很简单。5G 带宽的能量非常大,能提供非常多的高清内容,比如传播 8K 电视很简单。宣传上说费用下降了 10 倍,实际上可以下降 100 倍,这样老百姓也能看高清电视,文化传播速度就会快速提升。另外,5G 还有非常短的时延,可以用于工业的很多东西。因此,5G 可以改变一个社会。"任正非在谈到 5G 的价值时说道。

值得一提的是,5G 作为第五代移动通信技术标准,以及即将改变社会的存在,现已经成为各大企业角逐的筹码。无论是通信设备制造商还是芯片商、运营商、终端厂商,大家对于 5G 都是势在必得。以高通、诺基亚、爱立信、三星、思科等为代表的科技公司早已展开暗中较量。

互联网巨头腾讯也在 5G 领域加码，与中兴通讯签署了 5G 合作备忘录，双方在加强 5G 网络技术与应用创新合作的同时，还计划成立 5G 联合创新实验室，展开深入研究与合作。

华为也是众多角逐队伍中的一员。在任正非看来，掌握了 5G，就掌握了主动权。2018 年 10 月 17 日，任正非出现在上研所 5G 业务汇报会上。他信心满满地说：

> 大家一定要明白，领先和领导是不同的。领导的含义是要建立规则，建立共同胜利的标准；领先，就是在技术、商业模式、质量及服务成本、财经等方面一系列领先。如果我们的产品做得好，就能服务世界上绝大多数运营商，这样就能掌握主动权。所以在 5G 的问题上，我们就是要下定决心做到战略领先。

在讲话的最后，他再次强调道：

> 我们做 5G 就是争夺'上甘岭'，就是世界高地。5G 这一战关系着公司的生死存亡，所以我们一定要在这场"战争"中不惜代价赢得胜利。攻上'上甘岭'，全要靠你们。"[1]

但华为该如何攻上"上甘岭"呢？兵马未动，粮草先行，早在 2009 年，华为刚开始布局 5G 时，就拍板投入了 6 亿美元，用于标准方面的研究创新。从 2009—2018 年，华为持续投入了将近 20 多亿美元。单单 2018 年，华为就投入千亿人民币，处于全球第五名，排在华为前面的还有三星、谷歌、微软以及大众。

---

[1] 2018 年 10 月 17 日，任正非在上研所 5G 业务汇报会上的讲话

2016年开始，华为正式成立5G产品线，开展商用产品的研发工作，主要涵盖核心网、承载网、接入网及终端。任正非认为降低能耗是华为5G研发的重中之重：

"我们的热学研究所要加大投入，目标是降能耗，把能耗降下来。不仅仅要降芯片的能耗，还要把基站整机能耗也降下来。这将来会有很强的竞争力，甚至是比电子技术更强的竞争力。"[1]

他要求5G的市场选择要有集中度，5G的战略预备队要一体化打通，"四组一队"攻上"上甘岭"：

"5G率先突破了大带宽、多天线关键技术，取得了先发优势。我们要利用这个优势及制式换代的关键时间窗，优化全球格局。我认为要搞'田忌赛马'，我们的客户群是以国家客户为基础，集中优势兵力到优质客户，这就是田忌赛马。5G市场选择要有集中度，我们要改善服务，改善价值体系和后备队伍的培养，千军万马上战场。我强调，销售、服务、MKT和研发要一体化打通。我们不断吸收一些优秀员工加入战略预备队进行轮训，大浪淘沙，谁知道将来谁是'将军'呢。今天来开会的有'二等兵'，为什么要开放13、14级来参加公司的战略决策会议呢？就是让你们来感受一下。听一听、看一看就会炸开脑洞，快速成长。"[2]

在10年的研发下，华为的5G已经站在世界高地。现如今，华为在标准和专利方面已经提供了16000多个5G标准体验，换成A4纸有将近10米高。华为5G专利全球排名第一，占比达到20%，而美国所有企业的5G核心专利的占比不到15%。[3]

---

[1] 2018年10月17日，任正非在上研所5G业务汇报会上的讲话

[2] 同上

[3] 2019年5月26—29日，中国国际大数据产业博览会，华为副总裁鲁勇的主题演讲《5G，数字经济发展新引擎》

2019 年 1 月，华为在北京发布了两款自主研发的 5G 芯片，一个是 5G 基站芯片华为天罡，另一个是 5G 多模终端芯片巴龙 5000。2019 年 2 月 24 日，华为发布了首款 5G 手机——Mate X，配备了 8 英寸的柔性可折叠 OLED 显示屏，麒麟 980 处理器，搭载的就是巴龙 5000。

2019 年 6 月，工信部宣布我国 5G 已经具备商用基础，正式向中国电信、中国移动、中国联通、中国广电发放了 5G 商用牌照。6 月 25 日，华为常务董事、运营商 BG 总裁丁耘在 "5G is on" 峰会演讲时表示："华为已获取了 50 个 5G 商用合同，发货超过 15 万站；5G 商用全球加速，上半年韩国、英国、瑞士、意大利、科威特等多个国家完成 5G 商用发布，其中有 2/3 是由华为协助其构建的；千行百业正在拥抱 5G，而 5G 也在快速推动经济社会的全面数字化转型及社会效率的提升；华为模块化、全系列产品解决方案，为运营商构建了绿色、融合、极简的 5G 商用网络，使能新增长。"

不得不承认的是，华为在 5G 领域取得了巨大的成就，却为其成为美国围追堵截的敌人埋下了伏笔。时间如果回到初创业的那一年，谁也无法料到，当年那个毫无经商经验的已过不惑之年的退伍军人，依靠四处凑来的 2 万多元钱创办的公司，在经过三十多年的持续不断的奔跑之后，竟然成长为一家让欧美巨头感到害怕的，敢于改写中国乃至世界通信制造业历史，并影响着全球行业格局的行业顶尖级企业。

在智能社会里突围

任正非极为崇尚科学，这一点充分体现在他对公司基地的命名上。深圳龙岗区的华为坂田基地的所有道路，都是以中外著名科学家的名字命名的：贝尔路、冲之路、居里夫人路、稼先路、张衡路……

早在1997年任正非在访问美国贝尔实验室时，他就表现出异于寻常人的热情。一进贝尔实验室的大门，他就说："我年轻时代就十分崇拜贝尔实验室，仰慕之情超越爱情。"他甚至主动拉着李一男在晶体三极管发明人巴丁先生的纪念栏前合照，还满怀崇拜地说："巴丁不仅是贝尔实验室的巴丁，也是全人类的巴丁。"

而现在，随着云计算、大数据、物联网、人工智能等高科技的崛起，人类社会正在进行第四次工业革命，崇尚科学的任正非当然会带领华为毅然决然地加入这波时代浪潮。

在任正非看来，这是一个比以往任何时候都要快速变化的时代，而且这个时代充满了巨大的机会。

过去，凭借专利与创新，华为曾被美国《商业周刊》评价为：中国企业国际化的标志、世界革新的领袖，创造了全球企业未曾有过的历史，是新时代的成吉思汗。

但任正非知道，"一个高科技企业，绝不能对历史怀旧，绝不能躺在过去的功劳簿里，那样就很危险了"。在巨大的历史机遇面前，任正非说，华为要成为智能社会的使能者和推动者。

2018 年 3 月 30 日，华为发布了 2017 年年度报告。与往年相比，华为 2017 年的年度报告有所不同。不同点之一在于华为公司的愿景变了，从"丰富人们的沟通和生活"变成了"把数字世界带入每个人、每个家庭、每个组织，构建万物互联的智能世界"。

在任正非看来，未来的每个人、每个家庭、每个组织或者会用到华为帮助运营商建设的网络，或者会用到华为的终端，又或者会用到华为的企业类产品。但这些数字世界之间是分散的，而华为就是连接的桥梁，也是连通万物的"黑土地"，将分散的数字世界连接成智能的现实世界。[1]

任正非曾说："创新就是在消灭自己，但你不创新就会被对手消灭"。或许，新的愿景和使命也是华为对过去的告别，它将以更开放的姿态拥抱创新，拥抱智能社会。

早在 2016 年，任正非就在全国科技创新大会上提到，未来二三十年里，人类社会将会演变成智能社会。但由于无法得知其深度与广度，华为也陷入到深深的迷茫之中：

> 华为现在的水平尚停留在工程数学、物理算法等工程科学的创新层面，尚未真正进入基础理论研究。随着逐步逼近香农定理、摩尔定律的极限，而对大流量、低时延的理论还未创造出来，华为已感到前途茫茫，找不到方向。华为已前进在迷航中。

重大创新是无人区的生存法则，但没有理论突破，没有技术突破，没有大量的技术积累，是不可能产生爆发性创新的。而且如果不能扛

---

［1］2017 年 11 月 20 日，任正非在公司愿景和使命研讨会上的讲话

起重大的社会责任，坚持创新，华为迟早会被颠覆。[1]

从某种意义上讲，新的愿景和使命的提出也可以说明华为已经从迷茫走向了清晰。华为的战略是聚焦 ICT 基础设施和智能终端，做智能社会的开拓者：面向个人场景，华为持续投资智能终端；面向家庭情景，华为持续投资宽带和家庭网络等方案；面向组织场景，华为将投资网络、云计算、大数据、IOT 等。华为还会持续投资，通过人工智能让数字世界与物理世界浑然一体，构建出万物互联的智能世界。

在任正非看来，推动智能社会发展是一个持久的、充满挑战的历史过程，也是华为的长期机会。他曾不止一次对研发人员说："科学的入口处就是地狱的入口处，我们必须拿出巨大的勇气，甚至冒着失败后下地狱的风险来强化研发水平的提升。"

他觉得，华为若想在智能社会里突围，首先需要研发人员扛起重任，成为公司走向未来的"发动机"。任正非说：

"研发要坚持客户需求和技术创新双轮驱动，打造强大的'基础平台'，这个基础平台就像东北的黑土地。传输和交换不是平台，但它是平台的基础。华为联接全世界 170 多个国家（地区）、1 万多亿美元网络存量的传输交换，把它转换成平台，让所有的'庄稼'成长，带给客户更好的产品和服务。"[2]

不管前方的路是平坦还是坎坷，任正非都要求华为持续加大创新，在智能世界里闯出一片新天地。正如他所说，创新就是一场没有终点的长跑，而华为还在奋力奔跑的路上。

---

[1] 2016 年，任正非在全国科技创新大会上的讲话
[2] 2018 年 3 月 21 日，任正非在产品与解决方案、2012 实验室管理团队座谈会上的讲话

第十一章

被"围猎"的华为

在不惜一切代价的创新投入下，华为打败了一系列被任正非称作"大象"的欧美对手，在 5G 领域取得了世界第一的宝座。在科技上一向领先世界的美国政府为此感受到了威胁，以"国家安全"为由对华为展开了一场来势汹汹的围堵。前有"逮捕孟晚舟"，后有"实体清单"，华为是否到了生死存亡的时刻？

向华为"开枪"

2018 年 1 月 10 日是华为在美国召开华为 CES 新品发布会的日子。华为计划在这一天与美国运营商 AT&T 合作在美国推出 Mate 10 和荣耀 V10，从而进军美国市场。

华为之所以通过与 AT&T 合作的方式进入美国，是基于一个众所周知的事实：在美国，超过 90% 的智能手机来自运营商渠道的销售，而 AT&T 是美国三大运营商之一，拥有非常高的市场占有率。华为一旦与其成功合作，不但意味着拥有了极大的市场空间，而且意味着全球第一的市场地位就近在眼前。

其实，华为对于美国市场向往已久，只是多年来，虽然将旗帜插到了全球无数个角落，却迟迟没能攻下美国。因此，对于与 AT&T 的合作，华为势在必得。为了在美国打响第一炮，华为准备了一年左右的时间，准备了 1 亿美元的推广费用，甚至请来了超级英雄"神奇女侠"的扮演者盖尔·加朵，担任华为在美国的"首席体验官"，为华为"呐喊助威"。

但事与愿违，本来双方已经敲定的"强强结合"，在发布会召开的前一天黄了：AT&T 取消了与华为达成的 Mate 10 官方销售合作。这对于华为来说，无疑是一次巨大的打击。此前的人力、物力、财力等付出全部打了水漂不说，华为也因此被阻断了通往美国市场的去路。

就在大家纷纷好奇为什么合作突然终止时，媒体曝光了一份"美国18名国会议员联名致信联邦通信委员会（FCC）主席艾吉特·帕伊（Ajit Pai）"的邮件，邮件要求FCC对华为与美国运营商的合作展开调查。

外界猜测，这才是AT&T取消与华为合作的根本原因。其实，这不是美国第一次向华为"开枪"。早在2012年，一份美国国会报告就对华为设备的安全性表达了担忧。当时，华为回应称，该公司的设备在美装机量几乎为零，对美国不构成安全威胁。

但这并不能阻止美国对华为的"围剿"行动。2018年3月23日，美国发布针对中国的"301调查报告"，中美贸易战由此展开。在这样的背景下，高科技企业首当其冲成了"靶子"，而华为就是美国极为关注的"靶子"之一。所以在中美贸易战正式开打后不到一个月时间里，美国《纽约时报》发布署名文章称：美国就华为是否违反了对古巴、伊朗、苏丹和叙利亚的贸易禁令展开了调查。

2018年4月19日，"美国国会美中经济与安全审查委员会"发布报告称，中国政府"可能支持某些企业进行商业间谍活动"，以提高中企竞争力并促进政府利益，而且名单上赫然写着华为的名字。2018年11月，《华尔街日报》（博客,微博）报道称，美国政府试图说服德国、意大利、日本等盟国的无线与互联网提供商避免使用华为的电信设备。而在2018年，澳大利亚、韩国、印度等国先后将华为剔出了5G供应商名单。

华为正在遭遇一场史无前例的阻击。而阻止华为进入的原因无一例外都是"安全担忧"。身经百战的任正非深知着急也没办法，做好自己才是对所有人最大的尊重。在一次采访中，有记者问道："如果一些国家不断地提出针对华为安全方面的担忧，华为会选择不跟它们做生意，不做它们的市场吗？"任正非回答道：

"不是。他们的担忧，我们理解，在他们暂时还担忧的时候，我们不去做这件事。等到他们不担忧了，我们再去做这件事就行了。我们不能去给别的政府惹麻烦。英国也有对我们的担忧，但这并不影响我们在英国的投资。我们最近在剑桥买了500英亩的土地建光芯片工厂。在光芯片上，我们是领导全世界的，我们建工厂就是为了将来出口到很多国家去。我们的英国工厂可以接受英国的监控，经过英国监控的芯片卖到西方国家，为什么不可以呢？这样就不在中国生产了。中国也生产芯片，可能只会卖到中国和一些能接受的相关国家去。所以，我们在英国的投资规模是很大的，并不等于'你怀疑我，我就不在你那里投资了'。这是两回事。我们可以不做你的市场，但是并不等于这会影响我们合理的战略布局，因为迟早人们都会认识一个诚实的人。"[1]

当记者问道："美国成功说服了西方的合作伙伴把华为设备拒在市场之外，这对华为的生意有多大的影响？"已过古稀之年的任正非很豁达地回应道：

"西方不亮，还有东方亮；黑了北方，还有南方。美国不代表全世界，美国只代表一部分人。"[2]

为什么美国会如此大动干戈地围剿华为？根源在于"5G威胁论"。目前，华为5G专利全球排名第一，如果华为继续保持领先，那么最有可能主导通信行业的将是中国，而不是曾经领跑的美国。作为超级大国，美国不允许自己丧失技术优势。

对此，一贯主张"开放"、与竞争对手做朋友的任正非，不能认可"因为领先就要挨打"的道理。他在接受媒体采访时说：

"感谢美国的政治家宣传华为的5G，本来5G是什么东西老百

---

[1] 任正非接受BBC和CBS两家外媒采访全文实录
[2] 同上

姓都不知道，结果他们这样一宣传，老百姓说'这么伟大的人来宣传5G，我们知道了，打开看一看'。打开一看呢，全世界只有华为的5G做得最好，只有我们的5G是世界上最好的5G。最后我们的影响力扩大了，我们的合同在增加，并没有减少。而且增加的速度还在快，包括在欧洲也继续在增加。"[1]

关于"5G威胁论"，任正非否定说：

> 5G不是原子弹，原子弹破坏人类，是有安全问题的，5G是在造福人类，给人们提供信息通道和管道，信息通道和管道都控制在运营商手里，控制在所在国政府手里。华为提供的仅仅是一个裸设备，像自来水管和自来水龙头一样，不会对安全产生多大危险。[2]

值得一提的是，在这次5G战争里，美国不只向华为"开枪"，也向华为的"老朋友"中兴"开了枪"。2018年4月16日晚上，美国商务部宣称，中兴因违反美国政府的制裁禁令，美国商务部已禁止美国企业向中兴公司出售零部件产品，期限为7年。

这是中兴继2017年3月29日缴纳9亿美元罚款后，又一次遭遇的来自美国的刁难。而这次事件，与上一次一样，以中兴缴纳罚款而告终。有媒体评论称，华为与中兴，作为中国乃至全球两大通信设备与智能终端企业，都在积极争夺未来的5G通信技术标准话语权，美国以担忧安全为由逼迫华为退出美国，又以违反禁令为由向中兴下达禁售令，是为了遏制中国在通讯领域的技术崛起，从而保持美国的技术领先。

---

[1] 2019年2月，任正非对话美国媒体哥伦比亚广播公司
[2] 同上

"孟晚舟没有错"

屋漏偏逢连夜雨,行船偏遇顶头风。在被美国围追堵截的同时,另一件让任正非乃至整个华为始料未及的事件发生了。

2018 年 12 月 1 日,华为副董事长兼 CFO,同时也是任正非女儿的孟晚舟,没有任何征兆地,在加拿大转机时被捕。而这一切源于加拿大当局应美方要求而采取的行动。美国随后也承认,正在寻求对孟晚舟的引渡。关于被捕原因,《环球邮报》援引一位知情人士的话表示,美国指控孟晚舟涉嫌违反美国对伊朗的出口禁令。

而在孟晚舟被捕的当天,中、美两国领导人在阿根廷二十国集团(G20)峰会后举行了晚宴,双方同意从 12 月 1 日起,暂不再升级贸易冲突,用 90 天时间寻求妥善的解决方案。

很快,这件事将华为再次推向了舆论中心,但凡与此事有关的风吹草动都牵动着公众的神经,也牵动着任正非的神经。

面对突如其来的灾难,华为对外的态度一如既往的冷静。2018 年 12 月 6 日,华为不卑不亢地发出声明《没有任何不当,相信法律体系最终给出公正结论》:

"近期,我们公司 CFO 孟晚舟女士在加拿大转机时,被加拿大当局代表美国政府暂时扣留,美国正在寻求对孟晚舟女士的引渡,后者将面临纽约东区未指明的指控。关于具体指控,提供给华为的信息非常少，华为并不知晓孟女士有任何不当行为。公司相信，加拿大和美国的法律体系最终会给出公正的结论。华为遵守业务所在国的所有适用法律法规，包括联合国、美国和欧盟适用的出口管制和制裁法律法规。"

同日，中国驻加拿大使馆发言人应询就加方逮捕中国公民一事发表谈话："加拿大警方应美方要求逮捕一个没有违反任何美、加法律的中国公民，对这一严重侵犯人权的行为，中方表示坚决反对并强烈抗议。中方已向美、加两国进行了严正交涉，要求它们立即纠正错误做法，恢复孟晚舟女士的人身自由。我们将密切关注事态发展，采取一切行动坚决维护中国公民合法权益。"

也是在这日，针对加拿大警方应美方要求逮捕孟晚舟女士，中国外交部发言人耿爽在外交部例行记者会上应询表示：中方已就此案分别向加方和美方表明了严正立场，要求对方立即对拘押的理由做出澄清，立即释放被拘押的人员，切实保障当事人的合法正当权益。

2018 年 12 月 11 日，加拿大法院做出裁决，批准华为公司首席财务官孟晚舟的保释申请。2019 年 1 月 29 日，美国正式向加拿大提出引渡孟晚舟的请求。中方则敦促美方立即撤销对孟晚舟女士的逮捕令及正式引渡要求。当晚，走出法庭的孟晚舟发朋友圈表示，我以华为为傲，我以祖国为傲。配图是那张"芭蕾脚"的华为广告图，上面写着：伟大的背后都是苦难。

作为父亲，任正非密切地关注着事件的进展。就像华为发布的声明那样，任正非坚信，美国和加拿大是法治之国，必须通过证据证明孟晚舟是否有罪。在他看来，孟晚舟在加拿大、美国都没有犯罪，抓捕孟晚舟是一个彻头彻尾的错误。他说：

"我们完全站在理上，事件都轰动了。加拿大最大的报纸头版头条的主要标题，就写孟晚舟事件（是）典型的国家违法事件，就像我们《人民日报》大标题写的也是这个事件。"[1]

而在被美国围堵之后，此次加拿大应美方要求逮捕孟晚舟，顺理成章地被认为是加拿大效仿美国将华为拒之门外。任正非对此保留谨慎态度，在他看来，一切要等到加拿大与美国司法部门之间往来的邮件公布后，才能知道孟晚舟事件是针对孟晚舟本人，还是针对华为，亦或是针对他。他说：

> 华为在美国本来就没有网络，如果没有华为，网络就安全了，那为了世界的网络安全牺牲一个华为，我认为是值得的。但是没有华为的美国网络安全了吗？信息安全了吗？没有。所以没有华为的美国也并没有安全。没有华为的加拿大，难道就安全了吗？因此美国没有实例来证明，这个世界只有华为有安全问题。难道别的公司就没有安全问题？技术发展这么快，在技术发展过程中，总会出现问题的。人类社会的发展是问题驱动的，世界发生了一个问题，就要赶紧研究解决这个问题，我们几千年来才进入到今天这种文明。[2]

"孟晚舟事件"发生后，任正非难得地多次在媒体面前谈及家庭、谈及孩子。他说，受此影响，他与女儿的关系比以前更为亲密了。当被问及发生这件事之后，是否会担心女儿的未来时，任正非说，孟晚舟非常乐观，虽然是在被监视下生活，但却已经计划好了如何度过这段看起来难熬的时光，她准备去不列颠哥伦比亚大学攻读"狱中博士"。

其实，在被捕之前，孟晚舟是要赶去阿根廷参加会议，而这场会

---

[1] 2019 年 3 月 13 日，任正非接受加拿大 CTV 采访时的讲话
[2] 同上

议任正非也要参加。只不过，相较于孟晚舟，任正非晚两天抵达，也不在加拿大转机。所以阴差阳错地，孟晚舟一个人独自出现在加拿大，在不知晓原因的情况下被戴上了手铐、脚镣。

最终，任正非准时出席了这场会议，原本作为会议主持人的孟晚舟抱憾缺席。会议结束后，任正非对孟晚舟说："你不在，会也开好了。"

在采访中，有记者问道："您有没有想过，如果那天您和孟晚舟乘坐同一个航班在加拿大转机，有可能您也被抓了？"任正非答曰："那我就好好陪她，她就不会那么孤独了。"[1]

一句话，将作为父亲的柔情表达得淋漓尽致。

[1] 2019 年 3 月 13 日，任正非接受加拿大 CTV 采访时的讲话

"实体清单"

继"孟晚舟事件"之后，美国又有了新动作。

2019 年 5 月 16 日，美国商务部工业与安全局（BIS）将华为列入"实体清单"，这意味着未来没有美国政府的许可，所有美国企业禁止向华为供货。

禁令一出，便在中国掀起了"惊涛骇浪"。与此同时，谷歌、WiFi 联盟、SD 协会等科技公司相继宣布暂停与华为的合作。据了解，华为有三分之一的核心供应商来自美国，如果曾经的合作伙伴集体宣布"罢工"，有可能是致命打击。这不得不让人产生疑问：华为会成为下一个中兴吗？

次日，华为发布了关于美国商务部宣布将华为加入"实体名单"的媒体声明：华为反对美国商务部工业与安全局（BIS）的决定。这不符合任何一方的利益，会对与华为合作的美国公司造成巨大的经济损失，影响美国数以万计的就业岗位，也破坏了全球供应链的合作和互信。华为将尽快就此事寻求救济和解决方案，采取积极措施，降低此事件的影响。

这早在任正非的意料之中。在发生"孟晚舟事件"之前，任正非预言美国将会在两年内制裁华为；但在"孟晚舟事件"出现之后，他意识到美国即将提速。在任正非看来，华为人牺牲了个人、家庭，牺牲了陪伴父母孩子的时间艰苦奋斗、潜心工作，最终都是为了一个理想——站到世界最高点。

1998年，在《华为的红旗到底能打多久》一文中，任正非发出过掷地有声的创业誓言：

> 瞄准业界最佳，以远大的目标规划产品的战略发展，立足现实，孜孜不倦地追求，一点一滴地实现。在电子信息产业中，要么成为领先者，要么被淘汰，没有第三条路可走。

相同的表述也可见之于《华为基本法》第十四条规定：

> 我们追求在一定利润率水平上的成长的最大化。我们必须达到和保持高于行业的平均增长速度和行业中主要竞争对手的增长速度，以增强公司的活力，吸引最优秀的人才，实现公司各种经营资源的最佳配置。在电子信息产业中，要么成为领先者，要么被淘汰，没有第三条路可走。

但在实现理想的路上，必然会遭到美国的阻拦。为了避免与美国发生冲突，早在2000年初，任正非就犹豫着要不要戴上一顶美国"牛仔帽"，所以华为就有了一段"以100亿美元卖给美国公司"的过往。但出售计划夭折后，任正非就说，华为迟早会与美国在"山顶"上交锋，要做足完全的准备。从那时起，华为就开始为"荒野求生"打基础。

事实证明，华为不是中兴，也不会成为下一个中兴。2019年5月17日，华为海思总裁何庭波发布内部公开信，华为十多年来的"备胎计划"浮出水面。在公开信中，何庭波热血沸腾且斗志昂扬地说：

"多年前，还是云淡风轻的季节，公司做出了极限生存的假设，预计有一天，所有美国的先进芯片和技术将不可获得，而华为仍将持续为客户服务。为了这个以为永远不会发生的假设，数千海思儿女，走上了科技史上最为悲壮的长征，为公司的生存打造'备胎'。数千个日夜里，我们昼夜兼程，艰苦前行。华为的产品领域是如此广阔，所用技术与器件是如此多元，面对数以千计的科技难题，我们无数次失败过，困惑过，但是从来没有放弃过。

"后来的年头里，当我们逐步走出迷茫，看到希望，又难免有一丝失落和不甘，担心许多芯片永远不会被启用，成为一直压在保密柜里面的备胎。

"今天，命运的年轮转到这个极限而黑暗的时刻，超级大国毫不留情地中断了全球合作的技术与产业体系，做出了最疯狂的决定，在毫无依据的条件下，把华为公司放入了实体名单。

"今天，是历史的选择，所有我们曾经打造的备胎，一夜之间全部转'正'！多年心血，在一夜之间兑现为公司对于客户持续服务的承诺。是的，这些努力，已经连成一片，挽狂澜于既倒，确保了公司大部分产品的战略安全，大部分产品的持续供应！今天，这个至暗的日子，是每一位海思的平凡儿女成为时代英雄的日子！

"华为立志，将数字世界带给每个人、每个家庭、每个组织，构建万物互联的智能世界。今后，我们仍将如此。为实现这一理想，我们不仅要保持开放创新，更要实现科技自立！今后的路，不会再有另一个十年来打造备胎然后再换胎了，缓冲区已经消失，每一个新产品一出生，将必须同步'科技自立'的方案。

"前路更为艰辛，我们将以勇气、智慧和毅力，在极限施压下挺直脊梁，奋力前行！滔天巨浪方显英雄本色，艰难困苦铸造诺亚方舟。"

艰难困苦，玉汝于成。不只是海思，华为从2012年开始研发的操作系统"鸿蒙"也不再神秘，甚至被外界视为另一个备胎。余承东曾透露，华为的操作系统不只局限于手机，同时还将打通平板、电脑、智能手表等主流设备。[1]

华为鸿蒙原本并不属于备胎计划，也不是为了与对手抗衡，但一旦无法使用美国谷歌的安卓操作系统，华为就将会让"鸿蒙"登上舞台。任正非说："鸿蒙的最大特点是低时延，它与安卓、iOS 是不一样的操作系统，开发设计的初衷是用于物联网，比如工业控制、无人驾驶……来支撑使用，我们现在首先使用在手表、智能 8K 大屏、车联网上。在安卓系统上，我们还是等待谷歌获得美国审批，还是尊重和拥护谷歌的生态和技术的权利。"

回过头来，为什么任正非会如此地有先见之明，早早启动了"备胎计划"？这不只是出于他作为创业者的野心，更是缘于他摸清行业规律后的一种居安思危的危机感。"站到世界最高点"，除了聚光灯下的荣誉感，更重要的是生存和发展的需要。"站到世界最高点"的概念是：品牌知名度、市场占有份额高于普通企业，意味着拥有的关注度高于普通企业，意味着在同类产品中获得客户的优先购买权，也意味着掌控着同行业的话语权，诸如：制定行业规则，出台行业标准，引导行业的技术发展方向，引导产品时尚风向标，等等。

但作为高科技企业，"站到世界最高点"同时意味着成为更多企业甚至国家的"眼中钉、肉中刺"。而华为只有做好充足的准备，才能抵御和抗击来自方方面面的风险。否则，商海沉浮，稍微一个浪头打来，率先被打翻的就是那些随遇而安的小帆船。

任正非从进入该行业的第一天起，就具备这样的危机意识。他从入行的第一天起，就在以百米冲刺的态度跑马拉松。

---

[1] 2019 年 5 月 21 日，余承东在某知名互联网人组建的老友群中的讲话

不能用民粹主义定义华为

"孟晚舟事件"、被列入"实体名单"、"备胎计划"等就像是一波又一波浪潮,把华为推至风口浪尖,且热度居高不下。

有人将任正非称为中国新时代的民族英雄,说他用技术捍卫了国之尊严;有人将"支持华为"等同于"爱国";也有人认为华为绑架了全社会的爱国情绪。任正非却深知,如果华为一直深陷民族主义情绪里,反而会招来更为严重的"杀身之祸"。

在接受媒体采访时,任正非说,他拒绝接受"民族英雄"一类的称号。"我根本就不是什么英雄,我从来都不想当英雄。"他甚至自嘲为"狗熊"。在他看来,华为是一家商业公司,商品买卖不代表政治态度。[1]他说:

> 我的小孩用苹果,就是不爱华为了?不能这么说。我经常讲这样的话,余承东很生气,认为老板总为别人宣传,不为自己宣传。我讲的是事实,不能说用华为产品就爱国,不用就是不爱国。华为产品只是商品,如果喜欢就用,不喜欢就不用,不要和政治挂钩。华为毕竟是商业公司,我们在广告牌上从来没有"为国争光"这

---

[1] 2019 年 5 月 21 日,任正非接受央视《面对面》记者董倩独家专访

类话。只是最近的誓师大会有时候瞎喊几句，但是我们会马上出文件制止他们瞎喊口号，大家开庆功会、发奖章都没有问题，茶余饭后说两句过头话没问题，但是千万不能煽起民粹主义的风。[1]

当华为被炒到如此热的高度，任正非还是与以往一样，习惯于自我批判，他多次强调华为与美国仍然存在很大差距。他说：

> 为什么不洗一个"冷水澡"呢？我认为，我们最重要的是要冷静沉着。热血沸腾、口号满天飞，最后打仗时不行也没用，最终要能打赢才是真的。我们首先要肯定美国在科学技术上的深度和广度，都是值得我们学习的，我们还有很多欠缺的地方，特别是美国一些小公司的产品是超级尖端的。我们仅仅是聚焦在自己的行业上，做到了现在的领先，而不是对准美国的国家水平。把我们公司和个别的企业比，我们认为已经没有多少差距了；但就我们国家整体和美国比，差距还很大。这与我们这些年的经济上的泡沫化有很大关系，P2P、互联网、金融、房地产、山寨商品……等等泡沫，使得人们的学术思想也泡沫化了。一个基础理论的形成需要几十年的时间，如果大家都不认真去做理论，都去喊口号，几十年以后我们不会更加强大。所以，我们还是要踏踏实实做学问。[2]

无论是海思还是鸿蒙，在任正非非看来，都只是"在汽车抛锚时才会用到的产品"。

[1] 2019 年 5 月 21 日，任正非答记者问

[2] 2019 年 5 月 22 日，任正非接受中国媒体群访时的回答

"我们永远需要美国芯片。美国公司现在履行责任去华盛顿申请审批，如果审批通过，我们还是要购买它，或者卖给它（不光买也要卖，使它更先进）。因此，我们不会排斥美国，狭隘地自我成长，还是要共同成长。如果真出现供应不上的情况，我们没有困难。因为所有的高端芯片我们都可以自己制造。在和平时期，我们从来都是"1+1"政策，一半买美国公司的芯片，一半用自己的芯片。尽管自己芯片的成本低得多的多，我还是高价买美国的芯片，因为我们不能孤立于世界，应该融入世界。我们和美国公司之间的友好是几十年形成的，不是一张纸就可以摧毁的。我们将来还是要大规模买美国器件的，只要它们能争取到华盛顿的批准。现在时间很匆忙，一时半会估计批不准，缓冲一下是可以的。它们能获得批准的话，我们还是会保持跟美国公司的正常贸易，要共同建设人类信息社会，而不是孤家寡人来建设信息社会。"[1]

而对于"报复苹果"的说法，任正非认为中国政府绝对不会做出此种行动。如果做了，他也会第一个站出来反对。他非常崇拜乔布斯，不仅他崇拜，他的小女儿也异常崇拜。乔布斯去世时，他的小女儿还组织全家为其召开追悼会。在任正非看来，苹果是伟大的世界领袖，没有苹果就没有今天的移动互联网；没有苹果，这个世界就不会像现在这样丰富多彩。"苹果是我们的老师，它在前面领着前进。我们作为一个学生，决不会反对老师。"[2]

任正非的言论无不体现了华为文化的精髓——开放、妥协、灰度。任何组织的强大，必须是一个开放系统，如果不能实现开放系统，这个企业就会走向自我封闭。而任何自我封闭的组织，都不会有成长力和驱动力的。在企业的发展过程中，必要的妥协是重要的，没有妥协

[1] 2019 年 5 月 22 日，任正非接受中国媒体群访时的回答
[2] 2019 年 5 月 27 日，任正非在彭博 TV 专访时的回答

就没有宽容，就会失去海纳百川吸引人才的力量。开放和妥协的关键，是要把握好"灰度"这一概念。世间并非只有黑白两种对立的颜色，"灰度"是要求管理者掌握管理的尺度，以妥协、宽容的态度，兼容并包，均衡管理，实现组织内部的最大合力。

其实，在"孟晚舟事件"发生后，上海财经大学经济学教授、中国产业发展研究院研究员余智也发表过类似的观点。余智表示，思考华为事件以及中兴事件，一方面应该避免民族情绪，回到法律层面进行分析判断，另一方面应该避免陷入自力更生思维模式，坚持对外开放与合作发展的基本国策。

"华为事件剩下的问题就是回归法律层面：华为是否真有违背美国《出口管制法》的行为，美方指控的是否是事实。媒体关注的焦点应该在此，而不是煽动民族情绪，指责美国所谓的'长臂管辖'、'将国内法凌驾于国际法之上'。"[1]

"国人更不应该认为，中国在高新技术产业发展方面应该坚决走自力更生之路，要将核心技术牢牢掌握在自己手里，以免受制于人。自力更生与对外开放、合作发展，从本质上说是两种完全不同的发展思路。开放经济的本质特征，就是各国互相合作发展。其原因就在于，各行各业的核心技术很多，一国自己不可能完全掌握所有核心技术。如果试图掌握所有核心技术，必然导致资源配置分散，效率低下。因此最有效的办法就是：各国分别集中精力发展部分核心技术和产品，从而提高发展效率；然后通过自由贸易的方法，互通有无，使各国都能享受到所有的核心技术与产品。这是开放经济与合作发展的精髓所在。"[2]

---

[1] 余智.思考华为事件要避免民族情绪与自力更生思维.FT中文网.2018年12月
[2] 同上

华为不会死

中国人忌讳说"死"。但任正非在言论里，常常提到"死"。

2011年，他在与经营大师稻盛和夫会谈时，感叹道："华为必死无疑。"[1]2016年，他在战略预备队建设汇报中说："三十年河东，三十年河西，我们三十年大限快到了。华为公司若想不死就得新生。"[2]2019年1月17日，任正非在接受国内媒体采访时，当记者问"下一个倒下的是不是华为？"任正非毫不避讳地回答道："一定！"[3]

而任正非的"熵"思想也是对死亡的一种理解。2015年9月16日，他在一次"花园谈话"中说道："改革开放三十多年，是邓小平释放了中国能量。三十多年前，中国的生活条件大概是这样的：我们不知道房间里面会有洗手间，我们不知道洗手间是可以很干净的。整个思想结构上处于一种封闭落后的状态，如热力学所说的封闭定律。热力学讲不开放就要死亡，因为：第一，封闭系统内部的热量一定是从高温流到低温，水一定从高处流到低处。如果这个系统封闭起来，没有任何外在力量，就不可能再重新产生温差，也就没有风。第二，水流到低处不能再回流，则是零降雨量，那么这个世界全部是超级沙漠，

[1] 2011年，任正非在与稻盛和夫会谈上的讲话

[2] 2016年，任正非在战略预备队建设汇报会上的讲话

[3] 2019年1月17日，任正非接受国内媒体采访时的回答

最后就会死亡。这就是热力学提到的'熵死'。社会也是一样，需要开放，需要加强能量的交换，吸收外来的优秀要素，推动内部的改革开放，增强势能。"[1]

任正非之所以反复提到华为将死，既是他对自然规律的理解，"死亡是企业的宿命"；也是其危机感的表现，因为只有看到了终点的死亡，华为才能向死而生；更是他想要华为逆向做功，从而活下去的决心。

因此，"实体清单"发布后，他在接受媒体采访时说了与此前截然相反的答案：华为从没觉得自己会死亡。

我们已经做了两万枚金牌奖章，上面的题词是"不死的华为"。我们根本不认为我们会死，我们为什么把死看得那么重？所以我们认为可以梳理一下我们存在的问题。哪些问题要去掉？哪些问题要加强？胜利一定是属于我们的。一些高端的产品美国也没办法，因为我们完全靠自己，不靠美国。[2]

当外界都担心华为已到了生死存亡的至暗时刻时，任正非却说，现在的华为处于最佳状态。"在我们没有受到美国打压的时候，在孟晚舟事件没发生的时候，我们公司是到了最危险的时候。惰怠，大家口袋都有钱，不服从分配，不愿意去艰苦的地方工作，确是危险状态了。现在我们公司全体振奋，整个战斗力在蒸蒸日上。这个时候我们怎能说到了最危险的时候，应该是在最佳状态了。"[3]

在任正非看来，美国不仅无法扼杀掉华为，相反地会逼迫华为更

---

[1] 2015 年 9 月 16 日，杨林与任正非的花园谈话

[2] 2019 年 5 月 21 日，任正非接受央视《面对面》记者董倩独家专访

[3] 同上

为强大。

"它不可能扼杀掉我们,因为:第一,这个世界离不开我们,因为我们比较先进。我认为,即使它说服了更多的国家暂时不用我们,我们可以收缩变小一点。我们不是上市公司,不为了报表而奋斗。收缩小一点,我们的队伍就更加精干。条件成熟时,我们提供的东西会更受人们的欢迎和喜爱。

第二,由于美国不断地置疑我们、挑剔我们,逼得我们把自己的产品和服务做得更好,客户也更喜欢我们。只有客户更喜欢我们,克服重重困难来购买我们的产品,我们才会有机会。所以,不要因为美国对我们的置疑或者更多国家对我们置疑就感到恐慌,我们会根据它所说的问题,该改进的地方还是要改进。"[1]

从某种意义上讲,华为之所以成为"杀不死的华为",也是因为"怕死"的结果。因为"怕死",华为做足了充分的准备;因为"怕死",华为把自己逼成了行业领头者。而只有成为"行业领头者",华为才成为撼不动的"大象",成为"不死的华为"。

所以,从被制裁和围堵以来,任正非是自信的,甚至可以说是亢奋的。

当外界关注着华为是生是死时,任正非开始站在了更高的地方,以更远的眼光来看待未来。所以,他在媒体面前重点谈起了教育。在他看来,中美贸易根本的问题是科技教育水平,国家一定要开放才有未来,而开放一定要强身健体,强身健体要有文化素质。他说:

"一个国家强大的基础是什么?比如铁路、公路、交通设施、城市建设、自来水,各种环境的硬设施,硬设施没有灵魂的。灵魂在于文化,在于哲学,在于教育。一个国家有了硬的基础设施,一定还要有软的

---

[1] 2019 年 3 月,任正非接受 BBC、CBS 外媒专访时的讲话

土壤，没有这层软的土壤任何庄稼都不能生长。为什么别人不会提这个问题，我会提这个问题？我们真正是在科学技术上领导这个世界的，我能看见我们科学家的工作状态。我只要一出国，到了任何一个研究所，每个科学家都争着上来讲他的方程，以及十年二十年以后这些东西产生的结果。比如他演示系统方程给我看，说这个毫米波将来可能会给人类提高一百倍的带宽，但是只增加两倍的钱。就是你多出两份钱，你就可以获得一百倍的带宽，所以穷人都能消费得起了。这些基础的科学走到这一步了。如果没有从农村的基础教育抓起，如果没有从一层层的基础教育抓起，我们国家就不可能在世界这个地方竞争。"[1]

在任正非看到的更为深远的世界里，国家的未来是教育。那么，华为的未来是什么呢？华为将如何面对长期的中美贸易冲突呢？任正非的答案是华为没有准备打短期突击战，而是准备打持久战。而越是打持久战，华为就可能会越强大。

---

[1] 2019 年 5 月 21 日，任正非接受央视《面对面》记者董倩独家专访

第十二章

站在现在看未来

从时间坐标上看，华为已经走过三十余年；从空间坐标上看，华为已经从中国走向世界；从行业地位上看，华为已经成长为连特朗普都惧怕的对手……未来，任正非将带着华为走向何方？

"不上市，就可能称霸世界"

从 1944 年到 2019 年，任正非已经 75 岁；而他创立的华为，从 1987 年到 2019 年，也已经 32 岁。

在三十二年里，曾经诞生于破旧厂房里的小企业已经成为全球通信产业的龙头。在过去很多年里，它一直是爱立信、摩托罗拉、阿尔卡特朗讯、诺基亚西门子等老牌企业的追随者。当这些企业走过其最富有创新能力的青春期且纷纷面临衰退的时候，华为却依靠技术创新能力、自主研发能力以及海外市场的经营业绩跻身世界 500 强企业，并且在技术专利上一改以往追随者的身份，成为行业领跑者。

一个很好的佐证便是：如今华为拥有 2160 个 5G 专利，在全球排第一名，排在第二名的是拥有 1516 个 5G 专利的诺基亚，排在第三名的是拥有 1424 个 5G 专利的中兴，而高通则以 921 个 5G 专利数量，排在第 7 名。

如果说华为是在相同的创业环境和创新机制下追赶外资企业，或者说，华为与外资企业是在相同的起跑线上竞争，华为的反败为胜就显得不足为奇了。然而，华为起步于技术与管制变幻莫测的通信设备制造业，核心技术标准都掌握在国外公司手里。在变身为有自主知识产权的国际主流公司的过程中，时刻冒着不可预测的风险前行。因为它要不断提起或应对与技术垄断者和模仿者的诉讼。因为创业环境不同，比华为早 4 年成立的思科和戴尔，在美国风险投资公司的鼎力推动下，通过上市、企业兼并和不断地斥巨资投入研发，在短短几年时间内就迅速崛起成为实力雄厚的跨国企业。

华为的起步，是依靠自筹资金或借高利贷的方式逐渐滚雪球做大自己的。在这个过程中，既没有风险投资投入资金，进行管理上的辅导，也没有掌握行业先进技术，而是从做代理开始，逐步摸索其中的核心技术，逐步历练成足以与跨国公司抗衡的一支力量。经过三十多年的奋斗打拼，不仅赢得了摩托罗拉、诺基亚、西门子、阿尔卡特、北电、思科、戴尔等老牌跨国公司的认可和尊重，还成为它们非常欣赏的合作伙伴。

三十多年来，任正非身上那种敢闯敢拼的创业精神，不以弱小而妄自菲薄的顽强意志，敢于同外资企业一决高下的领袖风范，以及屡败屡战的抗挫折勇气已经震撼了全球！任正非不仅让国内市场的一些行业巨头感到自愧弗如，望而却步，不敢跟随；而且也让欧美等发达国家的媒体对这家商业领域的后起之秀赞赏有加，给予了很高的评价和肯定：

——2005 年 4 月，任正非与微软创始人比尔·盖茨、苹果电脑创始人史蒂夫·乔布斯、谷歌创始人拉里·佩奇和谢尔盖·布林等 IT 名人一同被列入美国《时代》周刊一年一度评选出的"全球 100 名最具影响力人物"榜单；

——2008 年 12 月，华为与苹果、谷歌、联合利华、沃尔玛、丰田等企业同时被美国《商业周刊》评选为全球 10 大最具影响力公司；

——2009 年 2 月，世界知识产权组织（WIPO）公布，华为以 2008 年度发明了 1737 项国际专利，战胜松下、飞利浦、丰田，成为全球专利冠军；

——2010 年 7 月，美国《财富》杂志公布：华为以 218 亿美元的营收，成功闯入 2009 年度世界 500 强，排名第 397 位，是世界 500 强中唯一一家没有上市的公司；

——2013 年，美国《财富》杂志公布：华为以 349 亿美元的年营收，超过爱立信的 336 亿美元，成为全球通信产业龙头；

——专注于电信业发展的著名咨询公司 Ovum，在对华为进行长期追踪调查后认为：华为已经从一个 Chinese Vendor（中国供应商）成长为一个 Global Giant（全球巨人）。

2018 年，华为在《财富》世界 500 强的排名上升至第 72 位，但仍是世界 500 强企业中唯一的未上市企业。

而与华为同时成立于 1987 年的娃哈哈，也曾一度坚持不上市，其掌门人宗庆后频频对外表示："我们不差钱，所以不上市。"但在 2017 年，宗庆后改变主意开始考虑上市。顺丰的掌门人王卫也曾信誓旦旦地表示："上市的好处无非是圈钱，获得发展企业所需的资金。顺丰也缺钱，但是顺丰不能为了钱而上市。上市后，企业就变成一个赚钱的机器，每天股价的变动都牵动着企业的神经，对企业管理层的管理是不利的。我做企业，是想让企业长期地发展，让一批人得到有尊严的生活。上市的话，环境就不一样了，你要为股民负责，你要保证股票不断上涨，利润将成为企业存在的唯一目的。这样，企业将变得很浮躁，和当今社会一样的浮躁。"可是在 2017 年，顺丰借壳鼎泰新材成功登陆 A 股。

但任正非极度厌恶股市、股票。据人民大学金融证券研究所所长吴晓求教授说："有家企业，银行账户上有稳定的大量的资金余额，但这家企业的老板却是极端厌恶风险，甚至厌恶证券，一谈到股票就害怕，就生气。我就碰到这样一位。他就是华为总裁任正非先生，我跟他谈过两次。一谈到股票，他就极端厌恶，他说股票纯粹是不务正业。他说我的公司永远不会和股票打交道，永远也不会和证券打交道。为了说服他，我讲了很多道理，试图说明资本市场将会更有利于他的企业的发展，我花了很大的力气，最终还是未能说服他。"

关于"华为是否上市"的讨论早就存在了。2013年3月30日，任正非在持股员工代表大会上就针对外界的相关议论做出澄清，他说：

> 任何公司的发展是不是只有上市一条路？允不允许一些企业缓慢地积累和增长？这些企业是以管理经营为主，而不是以资本经营为主。外界对我司上市问题议论纷纷，我负责澄清一下。二十多年来董事从未研究过上市问题，因为我们认为上市不适合我们的发展。最近徐直军对某运营商高层的讲话，是代表了董事会意志的。徐直军说："未来五到十年内，公司不考虑整体上市，不考虑分拆上市，不考虑通过合并、兼并、收购的方式，进入资本游戏。也不会与外部资本合资一些项目，以免被拖入资本陷阱。未来五到十年，公司将致力于行政改革，努力将公司从一个中央集权的公司，通过将责任与权力前移，让听得见炮声的人来呼唤炮火，从而推动机关从管控型向服务、支持型转变，形成一个适应现代需求的现代化管理企业。"我是完全支持这个意见的，因此关于公司要上市的传闻是没有依据的。[1]

华为为什么不考虑上市？任正非曾在私底下说："不上市，就可能称霸世界！"[2]任正非说出这句话的原因是基于对人性的深度洞悉，他曾说：

"科技企业是靠人才推动的。公司过早上市，就会有一批人变成百万富翁、千万富翁，他们的工作激情就会衰退，这对华为不是好事，

---

[1] 2013年3月30日，任正非在持股员工代表大会上的讲话
[2] 田涛、吴春波：《下一个倒下的会不会是华为》，中信出版社2017年版

对员工本人也不见得是好事。华为会因此而增长缓慢，甚至队伍涣散；员工年纪轻轻太有钱了，会变得懒惰，对他们个人的成长也不会有利。"

从目前的形势来看，华为未上市还有另一方面的益处：不用担心被美国制裁后股票大跌的影响。

最后一个令外界极为关心的问题便是：未来，华为到底会不会上市？2014 年 5 月，被记者问"股市是贪婪的，意味着华为不会上市"时，任正非就已经给出了答案：

"华为也会是贪婪的，我们只是尽力抑制。我们在一段时间里不上市，但我们不能保证我们永远不上市。'永远不上市'这句话在逻辑上是不通的。因为生命不能永远，所以承诺不能永远。但至少在相当长的时间里，我们没有考虑这个问题。"[1]

［1］2014 年 5 月，任正非在伦敦接受国际媒体采访时的回答

伟大的背后都是苦难

有句名言道："幸福的家庭都是相似的，不幸的家庭各有各的不幸。"套用这句话，"成功的企业都是相似的，不成功的企业各有各的原因"。但凡成功的企业，背后总是隐藏着难以言说的苦难和艰辛。旁人往往只看到企业成功后的风光和辉煌，却并不了解它们在成功前所付出的超出常人的努力。

华为三十余年的成功史其实也是一场充满苦难的"长征"。年复一年地，华为从一家只有6人的小作坊，在没有技术支持、没有管理经验、更没有雄厚资金和人脉的情况下，经历过无数困难与险阻，通过一代又一代人的苦打苦拼，最终才破茧成蝶、脱胎换骨，成为一家蜚声国内外的国际化顶尖级企业。

总结三十余年的成长，任正非用了两个字："烂脚"。2015年1月4日，华为被称为"烂脚"的广告首次出现在公众面前。广告中有两只脚，一只脚穿着光鲜亮丽的芭蕾舞鞋，另一只脚赤裸着，且满是磨砺后留下的伤痕。图片中配了一句名人名言："伟大的背后都是苦难——罗曼·罗兰"。为什么会选择"烂脚"作为广告？任正非说：

> 我们除了比别人少喝咖啡，多干活，其实不比别人有什么长处。就是因为我们起步太晚，成长的年限太短，积累的东西太少，

我们得比别人多吃点苦。所以我们有一只芭蕾脚，一只很烂的脚，我觉得就是华为的人，痛并快乐着。华为就是那么一只烂脚，它解释了我们如何走向世界……

任正非口中的"烂脚"，源于美国摄影家亨利·路特威勒（Henry Leutwyler）的摄影作品集"芭蕾舞"的其中一张。当任正非看到这幅照片时，内心开始翻滚，回想华为过去的路，他自问：这不正是当下华为"痛并快乐着"的真实写照吗？从1987年一路走来，华为收获了无数的高光时刻，但是谁又知道这其中的艰辛？就这样，华为买断了这张照片的广告播放权，并与罗曼·罗兰的那句"伟大的背后都是苦难"进行了恰如其分的融合。

其实，"伟大的背后都是苦难"除了出现在广告片上，还出现在华为的其他场合。近几年，当所有人都在歌颂华为伟大时，华为向外界发出的声音就是"一切都是苦难铸就的"。以此来警醒华为人成功的来之不易，切不可放松警惕。

2018年12月27日，华为发布2019年新年致辞，致辞的主题正是《伟大的背后都是苦难》。"'困难越大，荣耀也越大'，即将结束的2018年，印证了哲学家西塞罗的这句名言。在这极不平静的一年里，我们从未停下前进的脚步。2018年，公司预计实现销售收入1085亿美元，同比增长21%……伟大的背后都是苦难，困难和压力只会使我们变得更团结、更强大，我们一定能够实现愿景和使命：把数字世界带给每个人、每个家庭、每个组织，构建万物互联的智能世界。沉舟侧畔千帆过，乘风破浪会有时，任何艰难困苦，都休想阻挡我们前进的步伐。"

实体清单发布后，任正非在网上看到了一张伤痕累累的飞机照片，伟大的背后都是苦难，他觉得这也太像华为了，千疮百孔，饱经磨难，但那一颗努力活下去的"心脏"仍然在跳动。这架飞机飞回来了，任正非坚信华为这架正在经受磨难的"飞机"也会飞回来并成功着陆。

"伟大的背后都是苦难",对于华为是这样,对于任正非本人又何尝不是。

在《财富》杂志公布的"2019年中国最具影响力的50位商界领袖"中,任正非排在了第一位,而排在他后面的是腾讯创始人马化腾。排在第四位的马云曾经评价任正非:"华为创始人任正非在企业界的低调是出了奇的,尤其在媒体都在关注阿里巴巴上市的那段时间,低调的他似乎已经被大众遗忘,尽管华为的盛名妇孺皆知。但低调并不代表低能,如果说我马云是位成功的企业家,那毋庸置疑,任正非就是位伟大的企业家;如果说我马云是位伟大的企业家,那毋庸置疑,任正非就是比马云更伟大的企业家。"

但在巨大的光环之下,任正非承受了常人无法承受的苦难。高中时代,因为家境贫寒,他最大的梦想是吃一颗馒头。他之所以创立华为,根本谈不上梦想,也不是由于"为社会创造价值"的责任感,而是为生活所迫。在巨大的重压之下,任正非患上了抑郁症,多次产生了"自杀"的念头;在极度劳累的情况下,他做过几次癌症手术……

直到现在,75岁的任正非每天的行程仍然很满。他在采访中说:

"早上我一般起得比较早,八点到九点是精神比较好的,我就来公司改文件;九点以后,一般都参加会议,因为精神还比较好;下午精神状况就要差一点,就找一些人来座谈,听听大家的反映;晚上吃完饭以后散步,散步之后洗澡,洗完澡看邮件、回邮件;然后刷网看新闻,有时玩玩抖音……大约一点,开始睡觉;睡觉之后就起床,有时候晚上还睡不着,睡不着就又上上网。"[1]

即便是未来退休后,他的理想生活不是安逸,而是活到老学到老,

---

[1] 2019年3月13日,任正非在接受加拿大CTV采访时的回答

找一个好大学学习数学。他说：

> 我曾在全国科学大会上讲了数学的重要性，听说现在数学毕业生比较好分配了。我们有几个人愿意读数学的？我不是学数学的，我曾经说，退休以后我想找一个好大学，学数学。校长问我："学数学干什么？"我说："想研究热力学第二定律。"他问："研究用来做什么？"我说："想研究宇宙起源。"他说："我很欢迎你！"但是我到现在还不能退休，还去不了。我们那时是工科学生，学的是高等数学，最浅的数学。中国要踏踏实实在数学、物理、化学、神经学、脑科学……各方面努力去改变，可能我们就能在这个世界上站起来。[1]

被苦难磨砺过的任正非，深知苦难对人成长的正面作用。当记者问他："孟晚舟毕竟是您的女儿，女儿被捕之后，您作为父亲的个人感受是怎样的？"任正非回答道：

"儿女大了，他们成长太顺利了，受点磨难应该是好的。'没有伤痕累累，哪来皮糙肉厚，英雄自古多磨难'，我认为这个磨难对她本人也是巨大的财富。经过这些困难，有利于让她意志更加坚强，成长更加有利。"[2]

---

[1] 2019 年 5 月 21 日，任正非在接受中国媒体采访时的回答

[2] 2019 年 4 月 13 日，任正非在接受 CNBC 采访时的回答

下一个 30 年

中国的企业中不乏叫响国际的巨头型企业，华为便是其中之一；中国的企业家中不乏堪称教父级的以其商业行为改变中国的一群人，任正非便是其中之一。

与中国其他民营企业一样，华为是没有什么先天优势，靠微薄资金起步的企业；与中国其他民营企业一样，华为从起步开始，就四面楚歌，处于国外列强的兵临城下的围困之中，稍不留神，就会悄无声息地被扼杀在襁褓之中。但华为与其他民营企业不一样的是，这家从自身素质上来说并不具备成为跨国公司先天优势的企业，相应地也不具备同跨国公司决一死战的实力的企业，经过一路狂奔之后，战胜了朗讯、北电、阿尔卡特、诺基亚、西门子、摩托罗拉等一系列欧美顶尖的竞争对手，战胜了爱立信这样的曾经的龙头企业，完成了欧美发达国家需要上百年时间成就的业绩，快速成长为实力雄厚的跨国公司。

台湾政治大学商学院教授李瑞华，把华为由小变大、由弱变强的过程，称为乌龟变豹子的过程。他说："台湾的企业可以通过认识华为而有所反思，不要像'龟兔赛跑'中的兔子，在不知不觉中被乌龟超越了。更何况，龟已经变成了豹。"

美国《商业周刊》则以华为不断开疆拓土扩大版图创下不朽的业绩，而把任正非比作中国大陆的"成吉思汗"。这家杂志如此评价华为开疆拓土取得的业绩："如果没有华为，西伯利亚的居民就收不到信号，非洲乞力马扎罗火山的登山客无法找人求救，就连你到巴黎、伦敦、悉尼等地，一下飞机就接通的信号，背后都是华为的基站在提供服务。八千米以上喜马拉雅山的珠峰，零下40℃的北极和南极以及穷苦的非洲大地，都能见得华为的足迹。"

2017年9月15日，是华为的三十周年纪念日。下一个三十年，华为将走向何方？华为能成为"百年民企"吗？

中国人常说"三十年河东，三十年河西"，用以感叹世事的盛衰兴替及其变化无常。商业时代的乾坤同样多变幻，人类很难摸得透它的"小心思"。华为只有找到一路走来的"变与不变"，才能应对未来世界的瞬息万变。因此，从某种意义上讲，华为过去三十年持续增长的基因、动力与密码，同样也是华为未来三十年的基因、动力与密码。

在任正非看来，华为成功的密码之一在于：坚持聚焦在主航道，抵制一切诱惑，坚持不走捷径，拒绝机会主义，踏踏实实，长期投入，厚积薄发。

华为还是要踏踏实实继续做学问，过去的三十年，我们从几十人对准一个城墙口冲锋，到几百人、几千人、几万人，再到十八万人，都是对准同一个城墙口冲锋。攻打这个城墙口的炮弹已经增加到每年接近150亿到200亿美元，全世界很少有上市公司敢于像我们这样对同一个城墙口进行投入。要相信我们领导行业的能力。我们有的研究所已经在单点上突破，领先世界了，要继续在这点突破的基础上，在同方向上多点突破，并逐步横向拉通。在未来三五年内，我们是有信心保持竞争力的。当然，我们也可能会产生一些困难，过一些苦日子。那时华为内部股票的价值可能会下跌，希望你们不要去兑现。只要我们踏踏实实在基础研究上前进，在一个比较窄的方向上突破，就有可能博弈。我们已经有近 8 万项专利获得授权，许多还是基本专利、核心专利。这对人类是一个贡献，当然对美国的信息社会也是一个贡献。高科技不是基本建设，砸钱就能成功。要从基础教育抓起，需要一个漫长的时间，我们公司也是急不得的。[1]

长期以来，任正非都是将"以客户为中心，以奋斗者为本，长期艰苦奋斗，坚持自我批判"作为华为的核心价值观，并把它作为企业"活下去"的根本。华为一路走来，在技术研发上，在市场开拓中，无论在国内市场还是国外市场，都秉承了艰苦奋斗的精神。任正非作为华为的精神领袖，随时观察着企业的动向，对员工进行精神上的灌输和物质上的鼓励，使无论是像北极这样的冰天雪地的地方，还是在那些枪林弹雨的小国家都留下华为员工的身影。即便如此，任正非还时常有危机感，声称唯有"惶者"才能生存。

"你们脑袋要对着客户，屁股要对着领导。"这是任正非反复不断地在华为上下倡导的话。他认为，大部分公司会腐败，是因为员工把力气花在讨好领导，迎合领导的意见上，而把客户的需求放在次要位置。对这种人，他会毫不客气地痛骂一通，指责他们没有把心思放在自己的衣食父母——客户的身上，认为这对于企业来说是致命的。华为也一直在坚持自我批判，任正非认为"自我批判"是华为成功的关键原因。

此外，"胆大包天"也是华为成长的密码。在华为的发展过程中，无不体现着任正非的"赌徒"心理。创业初期，任正非就算沦落到借高利贷维持公司生存的地步，也没有放弃自主研发之路；1988 年，华

---

[1] 2018 年 5 月 -6 月，任正非在 Fellow 及部分欧研所座谈会上的讲话

为坚定不移持续变革，耗资 40 亿人民币全面深入学习西方公司管理，最终激活了华为内部……后来的事实证明，任正非赌赢了。

但过去的光荣与梦想已如过眼云烟。从哲学上看，生命最终都会消亡，世界上不存在永远的公司。然而，所有企业家都希望自己一手带大的企业能够基业长青。从任正非历年来的讲话来看，他很少提到"基业长青""百年老店"之类的畅想。"活下去"，或许就是他对华为"基业长青"的一种渴望。

人，三十而立。如今，华为已经过了"而立之年"。下一个三十年，华为是成为一家趋于平庸的大公司，还是进化升级成为一家更为伟大的大公司，取决于接班人群体能否传承创始人精神，也就是为社会创造价值的使命感。

未来很美好，但通往未来的道路很崎岖。华为只有坚持聚焦在主航道，抵制一切诱惑；坚持不走捷径，拒绝机会主义，踏踏实实，长期投入，厚积薄发；坚持以客户为中心，以奋斗者为本，长期艰苦奋斗，坚持自我批判，才能在智能世界里一往无前，才能持续掌握通信行业的话语权，才能成为一家受世人尊重的企业。

大事记

1944 年 10 月 25 日	任正非出生于贵州省安顺市镇宁县。
1967 年	任正非毕业于重庆建筑工程学院（现合并为重庆大学）。
1974 年	任正非应征入伍成为基建工程兵。
1978 年	任正非出席全国科学大会。
1982 年	任正非成为中共第十二次全国代表大会代表。
1983 年	任正非从军队转业，加入南油集团。
1987 年	任正非在深圳创立华为公司，成为一家生产用户交换机（PBX）的香港公司的销售代理。
1990 年	华为开始研发面向酒店和小企业的 PBX 技术并用于商用。
1991 年 12 月 31 日	华为研发出自有知识产权的程控交换机 BH03。
1993 年	年初，华为首款局用交换机 JK1000 研发完成。
1993 年 8 月	C&C08 2000 门交换机研发完成。
1995 年	C&C08 万门交换机 3 样机问世。

1995 年　　　华为年销售额达 15 亿人民币，主要来自中国农村市场。

1996 年　　　华为与长江实业旗下的和记电讯合作，提供以窄带交换机为核心的"商业网"产品。

1996 年　　　华为进军俄罗斯。

1997 年　　　华为进军拉美地区。

1997 年　　　华为推出无线 GSM 解决方案。

1998 年　　　华为开始开拓非洲地区。

1999 年　　　华为在印度班加罗尔设立研发中心，该研发中心分别于 2001、2003 年获得 CMM4 级认证、CMM5 级认证。

2000 年　　　华为在瑞典首都斯德哥尔摩设立研发中心。

2000 年　　　华为海外市场销售额达 1 亿美元。

2000 年　　　华为开始征战欧洲。

2001 年　　　华为以 7.5 亿美元的价格将非核心子公司 Avansys 卖给爱默生。

2003 年 1 月 22 日　华为遭到来自思科的诉讼。

2003 年　　　华为与 3COM 合作成立合资公司 H3C，专注于企业数据网络解决方案的研究。

2003 年　　　任正非为避免与美国正面冲突，意欲将华为卖给摩托罗拉，但最终失败。

2004 年 10 月　　华为把集成电路设计中心独立出去，成立了面向全球芯片设计与加工生产的"海思半导体公司"。

2004 年　　华为与西门子合作成立合资公司，开发 TD-SCDMA 解决方案。

2004 年　　华为获得荷兰运营商 Telfort 价值超过 2500 万美元的合同，首次实现在欧洲的重大突破。

2005 年　　海外合同销售额首次超过国内合同销售额。

2005 年　　华为与沃达丰签署《全球框架协议》，正式成为沃达丰优选通信设备供应商。

2005 年　　华为成为英国电信（简称 BT）首选的 21 世纪网络供应商，为 BT 的 21 世纪网络提供多业务网络接入（MSAN）部件和传输设备。

2005 年　　华为正式注册"华为大学"。

2005 年 4 月　　任正非被美国《时代》周刊评选为"全球 100 名最具影响力人物"之一。

2006 年　　华为以 8.8 亿美元的价格出售了 H3C 公司 49% 的股份。

2006 年　　华为推出新的企业标识，新标识充分体现了我们聚焦客户、创新、稳健增长和和谐的精神。

2007 年　　华为与赛门铁克宣布合作成立合资公司华赛，开发存储和安全产品与解决方案。

2007 年　　华为与 Global Marine 合作成立合资公司，提供海缆端到端网络解决方案。

2007 年　　华为推出基于全 IP 网络的移动固定融合(FMC)解决方案战略，帮助电信运营商节省运作总成本，减少能源消耗。

2007 年底　华为成为欧洲所有顶级运营商的合作伙伴。

2008 年　　华为被《商业周刊》评为全球十大最有影响力的公司。

2008 年　　根据 Informa 的咨询报告，华为在移动设备市场领域排名全球第三。

2008 年　　华为首次在北美推广大规模商用 UMTS/HSPA 网络，为加拿大运营商 Telus 和 Bell 建设下一代无线网络。

2008 年　　华为移动宽带产品全球累计发货量超过 2000 万部，市场份额位列全球第一。

2008 年　　华为全年共递交 1737 件 PCT 专利申请。据世界知识产权组织统计，华为在 2008 年专利申请公司（人）排名榜上排名第一；LTE 专利数占全球 10% 以上。

2009 年　　华为无线接入市场份额跻身全球第二。

2009 年　　华为成功交付全球首个 LTE/EPC 商用网络，获得的 LTE 商用合同数居全球首位。

2009 年　　华为率先发布从路由器到传输系统的端到端 100G 解决方案。

2009 年　　华为入选美国 *Fast Company* 杂志评选的最具创新力公司前五强。

2009 年　　华为主要产品都实现资源消耗同比降低 20% 以上，并在全球部署 3000 多个新能源供电解决方案站点。

2009 年 2 月　　世界知识产权组织（WIPO）公布，华为以 2008 年度发明了 1737 项国际专利，战胜了松下、飞利浦、丰田，成为全球专利冠军

2010 年　　华为在全球部署超过 80 个 Single RAN 商用网络，其中 28 个已商用发布或即将发布 LTE/EPC 业务。

2010 年　　华为在英国成立安全认证中心。

2010 年　　华为与中国工业和信息化部签署节能自愿协议。

2010 年　　华为加入联合国世界宽带委员会。

2010 年　　华为获英国《经济学人》杂志 2010 年度公司创新大奖。

2010 年 7 月　　美国《财富》杂志公布：华为以 218 亿美元的营收，成功闯入 2009 年度世界 500 强，排名第 397 位，是世界 500 强中唯一一家没有上市的公司。

2010 年　　华为 C8500 作为中国电信首批推出的天翼千元 3G 智能手机，在百日内的零售销量突破 100 万台，创下"百日过百万"的佳绩。

2011 年　华为与赛门铁克公司宣布双方已就华为收购华赛 49% 的股权达成协议。

2011 年　在云计算大会暨合作伙伴大会上成立 IT 产品线，预计云计算投入 10000 人。

2011 年　华为入选首批 "国家技术创新示范企业"。

2011 年　华为推出华为荣耀（HONOR）手机。

2011 年　华为推出华为远见（VISION）手机。

2012 年　当时最薄智能手机华为 Ascend P1S 发布，厚度 6.7mm。

2012 年　华为上线电子商城，正式进入电商渠道。

2012 年　在巴塞罗那 2012 年 WMC2012 展会上发布第一款搭载华为自研的四核移动中央处理器 K3V2 的手机 Ascend D quad，华为成为国内第一家推出自研手机移动中央处理器的手机厂商。

2012 年　华为在北京发布 Emotion UI 系统，实现了华为可分享自主独特应用的目的。

2013 年　华为在 "2013 炫动 ICT 中国行" 巡展及华为视讯 20 周年之际推出新一代视频会议产品，包括 TE30 视讯终端和具备 1080P60 全适配能力的 96 系列 MCU。华为力推视讯平民化，让视频告别宽带特供。

2013 年　华为在伦敦发布的华为 Ascend P6 以 6.18mm 的机身厚度成为全球最薄手机。

2014 年　华为在世界移动通信大会上推出全球最小的运营级路由器——原子路由器。

2014 年　在《财富》世界 500 强中，华为排行全球第 285 位，与上年相比上升了 30 位。

2014 年　Interbrand 在纽约发布的"最佳全球品牌"排行榜中，华为以排名 94 的成绩出现在榜单之中，这也是中国大陆首个进入 Interbrand top100 榜单的企业公司。

2015 年　全球领先的品牌咨询公司 BrandZ 发布 2015 年度"全球最具价值品牌百强榜"，华为公司首度入围，名列榜单第 70 位。这是华为继 2014 年进入"最佳全球品牌"百强榜之后，再一次进入世界级的企业品牌百强榜，并因此成为同时进入两大全球权威品牌榜的中国企业。

2016 年　华为在美国发布新机 G8X，全面进军美国市场。

2016 年　华为支持全球 170 多个国家和地区的 1500 多张网络的稳定运行，服务全球 1/3 以上的人口。

2016 年　华为已在全球部署了超过 60 张 4.5G 网络；华为无线家庭宽带解决方案 (WTTx) 覆盖全球 3000 万家庭；华为在超过 100 个国家累计部署 190 多张移动承载网络。

2016 年　华为联合 500 多家合作伙伴为全球 130 多个国家和地区的客户提供云计算解决方案，共部署了超过 200 万台虚拟机和 420 个云数据中心。

2016 年　华为智慧城市解决方案已应用于全球 40 多个国家的 100 多个城市，华为还主笔了 9 项智慧城市中国国家标准；华为平安城市解决方案已服务于 80 多个国家和地区的 200 多个城市，覆盖 8 亿多人口。

2017 年　华为成立 Cloud BU。截至 2017 年底，华为云已上线 14 大类 99 个云服务，以及制造、医疗、电商、车联网、SAP、HPC、IoT 等 50 多个解决方案。

2017 年　华为正式发布 EI(Enterprise Intelligence，企业智能)，将华为多年来在人工智能领域的技术积累、最佳实践与企业应用场景相结合，为企业客户提供一站式的人工智能平台型服务。

2017 年　华为新推出的 HUAWEI Mate10 成为首款加载人工智能芯片的手机，为消费者带来了真正意义上的、足以称为由 AI 主导的智能手机。

2017 年　在 5G 领域，华为在全球十余个城市与 30 多家领先运营商进行 5G 商用预测试，性能全面超越国际电信联盟 (ITU) 要求。

2018 年　5G 微波开启全面商用的新征程。

2018 年　华为发布 AI 战略与全栈全场景 AI 解决方案，在全云化网络基础上引入全栈全场景 AI 能力，打造自动驾驶网络。

2018 年	华为发布新一代顶级人工智能手机芯片——麒麟 980。
2018 年	华为发布了基于 3GPP 标准的端到端全系列 5G 产品解决方案。
2018 年 12 月 1 日	华为副董事长兼 CFO、任正非女儿孟晚舟，在加拿大转机时被捕。
2019 年 5 月 16 日	美国商务部工业与安全局（BIS）将华为列入"实体清单"。

名言录

1.十年之后，世界通信行业三分天下，华为将占一分。

2.对于我个人来讲，我并没有远大的理想，我思考的是这两三年干什么，如何干，才能活下去。我非常重视近期的管理进步，而不是远期的战略目标。活下去，永远是企业的硬道理。

3.王小二卖豆浆，能卖一块钱一碗，为什么要卖五毛钱？我们产品的毛利，要限定在一定水平，太高或太低都不合适。

4.我认为任何一个民族，任何一个公司或者任何一个组织，只要没有新陈代谢，生命就会停止。只要有生命的活动，就一定会有矛盾，一定会有斗争，也就一定会有痛苦。如果我们顾全每位功臣的历史，那么我们就会葬送我们公司的前途。

5.世界上一切资源都可能会枯竭，只有一种资源可以生生不息，那就是文化。

6.什么叫成功？是像日本企业那样，经历九死一生还能好好地活着，这才是真正的成功。华为没有成功，只有成长。

7.十年来我天天思考的都是失败，对成功视而不见，也没有什么荣誉感、自豪感，但有危机感，也许是这样才存活了10年。

8.我们公司的太平时间太长了，在和平时期升的官太多了，这也许就是我们的灾难。泰坦尼克号也是在一片欢呼声中出的海。

9. 自我批判是思想、品德、素质、技能创新的优良工具。我们一定要推行以自我批判为中心的组织改造和优化活动。自我批判不是为批判而批判，也不是为全面否定而批判，而是为优化和建设而批判。

10. 自我批判不是今天才有。几千年前的曾子"吾日三省吾身"；孟子的"天将降大任于斯人也，必先苦其心志，劳其筋骨，饿其体肤，空乏其身，行拂乱其所为，所以动心忍性，增益其所不能"；毛泽东同志在写文章时，要求"去粗取精，去伪存真，由表及里，由此及彼"……都是自我批判的典范。没有这些自我批判，就不会造就这些圣人。

11. 过去人们把创新看作冒风险，现在不创新才是最大的风险。

12. 从泥沼里爬出来的才是圣人，烧不死的鸟才是凤凰。

13. 马克思说过，科学的入口处正像地狱的入口处。这是那些把有限的生命投身于无限的事业中，历经磨难的人，才能真正感受到的。创新虽然艰难，但它是唯一的生存之路，是成功的必经之路。

14. 鲜花凋谢后，又成为新的"牛粪。"我们永远基于存在的基础上去创新。在云平台的前进过程中，我们一直强调鲜花要插在牛粪上，绑定电信运营商去创新，否则我们的云就不能生存。

15. 如果不面向客户，我们就没有存在的基础；如果不面向未来，我们就没有牵引，就会沉沦、落后……

16. 普遍客户关系这个问题不仅仅是市场部的问题，也是对全公司的要求。坚持普遍客户关系原则就是见谁都好，不要认为对方仅是一个运维工程师就不做维护、不介绍产品。我们每层每级都贴近客户，分担客户的忧愁，客户就会给我们一票。这一票、那一票，加起来就好多票。

17. "开放、妥协、灰度"是华为文化的精髓，也是一个领导者的风范。一个不开放的文化，不会努力地吸取别人的优点，逐渐就会被边缘化，是没有出路的。一个不开放的组织，迟早也会成为一潭死水的。

我们在前进的路上，随着时间、空间的变化，做必要的妥协是重要的。没有宽容就没有妥协，没有妥协就没有灰度。不能依据不同的时间、空间掌握一定的灰度，就难有审时度势的正确决策。开放、妥协的关键是如何掌握好灰度。

18. 为客户服务是华为存在的唯一理由；客户的需求是华为发展的原动力。

19. 在管理上，我不是一个激进主义者，而是一个改良主义者，主张管理要不断地进步。现在我们需要脱下草鞋，换上一双美国的鞋，但穿新鞋走老路照样不行。换鞋以后，我们要走的是世界上领先企业走过的路。

20. 公司的竞争力成长与当期效益的矛盾，员工与管理者之间的矛盾……在诸多矛盾中，寻找一种合二为一的利益平衡点，驱动大家共同为之努力。

21. 管理就像长江一样，我们修好堤坝，让水在里面自由地流，随便它晚上流，白天流。晚上我们在睡觉，但水还在自动流。

22. 企业发展就是要发展一批狼。狼有三大特性：一是敏锐的嗅觉；二是不屈不挠、奋不顾身的进攻精神；三是群体奋斗的意识。

23. 客户是我们的衣食父母。你们的工资收入和各项福利不是我给的，而是客户给的。客户才是你们真正的老板。

24. 一个企业的内外发展规律是否真正认识清楚，管理是否可以做到无为而治，这是需要我们一代又一代的优秀员工不断探索的问题。只要我们努力，就一定可以从必然王国走向自由王国。

25. 如果我们能坚持"力出一孔，利出一孔"，则"下一个倒下的就不会是华为"，如果我们发散了"力出一孔，利出一孔"的原则，"下一个倒下的也许可能就是华为"。历史上的大企业，一旦过了拐点，进入下滑通道，很少有回头重整成功的。我们不甘倒下，那么我们就要克己复礼、团结一心、努力奋斗。

26.大公司不是会必然死亡，不一定会情怠保守，否则不需要努力成为大公司。

27.我们认为应该沿着管道来整合。通讯网络管道就是太平洋，是黄河、长江，企业网是城市自来水管网，终端是水龙头。如果我们沿着这个整合，都是管道，对我们都是有用的。华为二十多年来，也曾多次动摇过，但最终总结下来，我们只做了一件事就是坚持管道战略。人生就是要咬定自己的优势特长持续去做。

28.在引进新的管理体系时，要先僵化，后优化，再固化。

29.要敢想敢做，要勇于走向孤独。不流俗、不平庸，做世界一流企业，这是生命充实激越起来的根本途径。

30.华为没有院士，只有院土。要想成为院士，就不要来华为。

31.干部一定要有"天降大任于斯人"的胸怀和气质。要受得了委屈，特别是做了好事还受冤枉的委屈。

32.繁荣的背后都充满着危机。这个危机不是繁荣本身的必然特性，而是处在繁荣包围中的人的意识。艰苦奋斗必然带来繁荣；繁荣以后不再艰苦奋斗，则必然丢失繁荣。"千古兴亡多少事，悠悠；不尽长江滚滚流。"历史是一面镜子，它给了我们多么深刻的启示。忘却过去的艰苦奋斗，就意味着背弃了华为文化。

33.华为成长在全球信息产业发展最快的时期，特别是在中国从一个落后网改造成为世界级先进网的迅速发展的大潮流中，华为像一片树叶，有幸掉到了这个潮流的大船上，是躺在大船上随波逐流到今天，本身并没有经历惊涛骇浪、洪水泛滥、大堤崩溃等危机的考验。因此，华为的成功应该是机遇大于其素质与本领。

34.当社会上根本认不出你是华为人的时候，你就是华为人；当这个社会认出你是华为人的时候，你就不是华为人，因为你的修炼还不到家。

35.创业难，守成难，知难不难。高科技企业以往的成功，往往是失败之母。在这瞬息万变的信息社会，唯有惶者才能生存。

36.华为的魂是客户。只要客户在，华为的魂就永远在，谁来领导都一样。如果公司寄托在一个人的管理上，这个公司是非常危险、非常脆弱的。

37.华为是一个功利集团，我们一切都是围绕商业利益的。因此，我们的文化叫企业文化，而不是其他文化或政治。因此，华为文化的特征就是服务文化，因为只有服务才能换来商业利益。服务的含义是很广的，不仅仅指售后服务，从产品的研究、生产到产品生命终结的优化升级……因此，我们要以服务来确定队伍建设的宗旨。有一天我们不用服务了，就是要关门破产了。因此，服务贯穿于我们公司及个人生命的始终。

38.世界上我最佩服的勇士是蜘蛛。不管狂风暴雨，不畏任何艰难困苦，不论网破碎多少次，它仍孜孜不倦地用它纤细的丝去织补。数千年来没有人去赞美蜘蛛，它们仍然勤奋，不屈不挠，生生不息。

39.所有干部都应该不要"脸"，要"脸"的干部没多大出息。

40.5G不是原子弹。原子弹破坏人类，是有安全问题的。5G是造福人类，给人们提供信息通道和管道的。信息通道和管道控制在运营商手里，控制在所在国政府手里，我们提供的只是一个裸的设备，像自来水管和水龙头一样，不会对安全产生多大危险。

41.感谢美国政府，天天在全世界帮我宣传华为。我们华为不过是一个小公司，他们一口一个"华为、华为"。超级大国帮我一宣传，全世界都知道华为了。

42.美国说不卖芯片给中国，我觉得很好笑。你不卖给它，就会逼着它有一天自己把这个东西做出来。你再想卖给谁，也卖不动了。

43. 人类需要就是我们的奋斗目标，少赚一点钱有什么关系。实际上也没少赚。你刚才也说我很富裕，我承认我很富裕。

44. 在我们没有受到美国打压的时候，孟晚舟事件没有发生的时候，我们公司是到了最危险的时候。惰怠，大家口袋里都有钱，不服从分配，不愿意去艰苦的地方工作，这就是危险状态了。现在我们公司全体振奋，整个战斗力在蒸蒸日上。这个时候我们怎会到了最危险时候，应该是在最佳状态了。

45. 我从来没有想过去做美国政府的解释工作，去澄清我的身份，我只要努力存在，就是胜利。将来我也不想向美国政府去澄清我是什么人，或洗白什么。我本来就是一个洗得干干净净的人，每天都洗澡，何必要拿出来看哪些地方洗干净了？是否用了肥皂？我觉得不需要。

参考文献

1. 张利华：《华为研发（第3版）》，机械工业出版社 2017 年版

2. 田涛、吴春波：《下一个倒下的会不会是华为（终极版）》，中信出版社 2017 年版

3. 程东升、刘丽丽：《华为三十年：从"土狼"到"狮子"的生死蜕变》，贵州人民出版社 2016 年版

4. 吴建国：《华为的世界》，中信出版社 2006 年版

5. 余胜海：《任正非和华为》，长江文艺出版社 2017 年版

6. 吴晓波：《华为管理变革》，中信出版社 2017 年版

7. 黄卫国：《华为公司管理者培训教材 以奋斗者为本》，中信出版社 2014 年版

8. 程东升：《任正非管理日志》，浙江大学出版社 2013 年版

9. 曲智：《任正非内部讲话》，新世界出版社 2013 年版

10. 汤圣平：《走出华为》，中国社会科学出版社 2004 年版

11. 周君藏：《任正非这个人》，中信出版社 2011 年版

12. 杨少龙：《华为靠什么》，中信出版社 2014 年版

13. 张雨：《任正非的竞争智慧》，浙江大学出版社 2011 年版

14. 张炼海：《总要先人一步——任正非的战略观》，中国友谊

出版公司 2012 年版

    15. 孙力科：《华为传》，中国友谊出版公司 2017 年版

    16. 华牧：《创华为：任正非传》，华文出版社 2016 年版

    17. 李洪文：《任正非：九死一生的坚持》，中国言实出版社 2014 年版

    18. 周显亮：《任正非：除了胜利，我们已无路可走》，北京联合出版公司 2019 年版

    19. 孙力科：《任正非传》，浙江人民出版社 2017 年版

    20. 王育琨：《苦难英雄任正非》，江苏凤凰文艺出版社 2019 年版

    21. 黄伟芳、李晓阳：《华为正传：华为的企业管理和战略精髓》，红旗出版社 2017 年版

    22. 吴春波：《华为没有秘密》，中信出版社 2016 年版

    23. 余智：《思考华为事件要避免民族情绪与自力更生思维》，来源：FT 中文网 2018 年 12 月

    24. 张静波：《任正非逼出来的芯片女皇》，来源：华商韬略 2019 年 5 月 6 日

    25. 大卫·德克莱默、田涛：《任正非：不要停留在过去擅与竞争对手合作》，来源：C114 中国通信网 2015 年 11 月

    26. 王秀宁：《华为内部存在类似黑帮文化 反腐像是清除内奸》，来源：中国青年报 2017 年

    27. 彭博：《华为欧洲奋斗史：办公室设备只舍得买宜家每周飞五个国家是常事》，来源：蓝血研究 2019 年 7 月 7 日

    28.《一个华为厨师在伊拉克的 9 年》，来源：华为人·人荐人爱电子专栏 2017 年 8 月

29.杨少龙：《任正非 40 亿师从 IBM 不为人知的故事：因为一字当场拍板》， 来源：杨少龙专栏、蓝血研究 2018 年